BLUE LIGHT SERIES

ERGONOMISCHE AUFMERKSAMKEIT

COMPUTER COMFORT

Martin Ray

Autor: Martin Ray
Zeichnungen: Melanie Wichlein
Fotos: Blue Light Series GbR
Copyright: Blue Light Series GbR
Freie, etwas umstrukturierte deutsche Übersetzung aus dem englischen Buch „Computer Comfort"
2. Ausgabe 2019
ISBN: 9781689530774

Weitere Bücher und eBooks der Blue Light Series:

Global Warming - Time-Stories
Global Warming - Social Story Poems
Global Warming - If 'All the world's a stage' it's on fire.
(Social commentaries on Global Warming Awareness)

Stories of Lala (Children's stories)
Stories of Lala II (Creatures of the Forest)
Stories of Lala III (Tell and Spell) (Erscheint in Kürze)

Alle Rechte vorbehalten. Nachdruck, auch auszugsweise verboten. Kein Teil dieses Werkes darf ohne schriftliche Einwilligung der Blue Light Series GbR in irgendeiner Form reproduziert, verarbeitet, vervielfältigt oder verbreitet werden.

Dieses Buch ist nicht als Ersatz für eine schulmedizinische Versorgung oder Behandlung gedacht. Der Autor und die Blue Light Series GbR übernehmen keine Haftung für die Art und Weise, wie der Inhalt des Buches zur Anwendung gebracht wird.

BLUE LIGHT SERIES

ERGONOMISCHE AUFMERKSAMKEIT

COMPUTER COMFORT

INHALTSVERZEICHNIS

Blue Light Series – Unsere Bücher	1
Vorwort	3
Teil 1	6
Körpergeschichten	6
Wahrnehmung von innen heraus	10
Gewohnheiten	16
Deine innere Stadt	19
Ausgerichtete Bewegungs-Energie	22
Kopfbalance	25
Drei Bereiche des Körperbewusstseins	27
In die richtige Richtung gehen	30
Unser Reaktions-System	33
Langsamer werden	37
Beobachtungen im Alltag	40
Unsere potentiellen Flügel	43
Der seltsame und fast unlösbare Fall der geheimnisvollen Schulter mit vielfältigem Eigenleben und zahlreichen Varianten	48
Das „Twissel"-Muster	51
Die drei Kreise der Aufmerksamkeit	54
Perfekte Bewegung	58

Teil 2 60

SAM   Spezielle Aufmerksamkeits-Momente

(Special Awareness Moments)

Teil 3 93

DAN   Ausrichtende Anwendungsmöglichkeiten

(Directive Application Now)

Diagonal am Tisch sitzen 94

Fuß-Stützen 96

Arbeiten an einem niedrigen Tisch 97

Im Stehen arbeiten 99

Tablets, Pads und Smartphones 105

Schreiben 111

Teil 4 115

Training für die Arme 115

Dehnungen für den Computer-Arbeitsplatz 120

Entspannung bei der Arbeit 131

Entspannung zuhause 132

Das ruhiggestellte Leben 140

Ende 143

Blue Light Series

Unsere Bücher

Mit den Büchern unseres Blue Light Series Teams möchten wir Dir, dem Leser, hilfreiche Ratschläge und Informationen geben. Wir möchten Dir dabei helfen Bewegungsmuster wahrzunehmen, die Dich daran hindern, Dein Leben ergonomisch besser zu gestalten. Unser Ziel ist es, Informationsmaterial bereitzustellen, dass Dich dabei unterstützt bestimmte Aktivitäten zu optimieren.

Üblicherweise ist das Konzept der Ergonomie das Studium des Menschen in seiner Arbeits-Situation. Wir möchten dieses Konzept gerne erweitern und das wesentlich größere Spektrum der ergonomischen Aufmerksamkeit einführen. So ziemlich alles, was wir tun, können wir in ergo-dynamisch verfeinerter Weise betrachten oder behandeln, sodass wir schließlich eine optimalen Funktionsweise für uns finden; mit der jeweils angemessenen Muskelspannung und einer Grundeinstellung für Situationsbewusstsein. Dazu muss man wissen, wonach man suchen und worauf man achten muss. Dann kann man das verändern, was einen beeinträchtigt. Und hier kommen wir ins Spiel: Wir können Dir, mit unserer Erfahrung in der menschlichen Ergonomie helfen, Deine Aufmerksamkeit für bestimmte Situationen zu erweitern und Dir interessante und nützliche Alternativen vorstellen.

Immer, wenn wir etwas Neues ausprobieren, ist das eine Reise ins Unbekannte, bei der wir zu unserem eigenen Lehrer werden können.

Die Ich/Wir-Form in unseren Büchern ist austauschbar, wir entschuldigen uns dafür und hoffen, Du verzeihst mir die Uneinheitlichkeit.

Blue Light Series Team

Vorwort

Lieber Leser, liebe Leserin, in diesem Buch geht es darum, wie Du Dich am Computer wohl fühlen kannst. Die Wege, die wir vorschlagen sind praktisch und die Ziele realistisch. Du kannst sie erreichen, und Deinen Arbeitsalltag damit verbessern. Eines unserer Ziele ist, nah an der Art und Weise zu bleiben, wie wir dieses Thema in unseren Kursen unterrichten; diese sind praktisch, informativ und sie machen Spaß. Wir wollten dabei nicht zu technisch werden, aber manchmal war es trotz allem notwendig. Der unterhaltsame Teil ist in schriftlicher Form natürlich eher begrenzt, das liegt am Thema und an der Tatsache, dass wir nicht alle wie Bill Bryson schreiben können. (Die ergonomischen Bedingungen für angenehmes Arbeiten am Computer sind nicht unbedingt eine Bettlektüre.) Wir haben aber versucht, das Buch interessant für Dich zu gestalten.

Dieses Buch besteht aus vier Teilen.

Im ersten Teil erklären wir grundsätzliche Funktionsweisen und Zusammenhänge, ihre Auswirkungen und deren Lösungen. Wir erläutern einige grundlegende Ideen und ihre unterschiedlichen Anwendungen in Bezug auf Deine Gewohnheiten am Computer und im täglichen Leben, Deine Spannungsmuster und Reaktionen, Deine Aufmerksamkeit und Körperwahrnehmung – damit Du letztlich Dein ergonomisches Leben ausbauen und verbessern kannst.

Im zweiten Teil findest Du in konzentrierter Form 30 Anleitungen für eine bequemere Arbeitsweise am PC.

Teil 3 enthält verschiedene Anregungen für spezielle Situationen mit all den Ideen darin, die in den vorherigen Kapiteln behandelt wurden.

Der vierte Teil beinhaltet aktive und entspannende „Übungen", um Dir einen Ausgleich anzubieten für die doch ziemlich statische Arbeit am Schreibtisch.

Im Verlauf des Buches mit den vielen Ideen, die wir Dir zum Bedenken und Umsetzen mitgeben, werden wir einiges wiederholen. Nicht weil wir glauben, dass Du beim ersten Mal nicht alles mitbekommen hast, sondern weil wir es für hilfreich halten. Als zusätzliche Hilfe geben wir Dir VIP´s. Damit meinen wir, anders als gewohnt, „Very Interesting Point" oder „Very Important Point" (Sehr interessanter/wichtiger Punkt). Die Verwendung von Bildern und Metaphern soll dabei helfen, Deinen Verstand, Deine Aufmerksamkeit und Deine Wahrnehmung zu unterstützen. Wir werden zeigen, wie man Bewegungs- und Spannungsmuster erkennt und im täglichen Leben damit umgeht, und wir geben praktische Ratschläge, um Deine sensorische Wahrnehmung zu fördern.

Verspannungen sind nie lokal begrenzt, vielmehr breiten sie sich von einer Stelle beginnend aus. Dies geschieht in Mustern, die wir vorrangig nach Gesetzmäßigkeiten und ihren Nebeneffekten untersuchen. Ähnliche Muster haben ähnliche Verlaufswege, deshalb sind unsere Anleitungen ebenfalls oft miteinander verbunden. Es gibt viele RSI Probleme (Repetitive Strain Injuries d.h. Verletzungen durch wiederholte Überbeanspruchung), die dadurch entstehen, dass uns eine Selbstkenntnis hinsichtlich unserer Körperwahrnehmung und ein Gespür für Bewegung fehlt. Wenn bestimmte Dinge jedes Mal wieder mit zu viel Spannung getan werden, können Probleme wie Kopfschmerzen, Hüft- und Rückenbeschwerden entstehen.

Ein körperliches Problem ist oft ein Muster aus Reaktion und Spannung. Es ist die Art und Weise, wie wir auf gewisse Reize bzw. Anforderungen reagieren: wie wir z.B. mit den Gegebenheiten im Büro umgehen, dem Schreibtisch und den Stühlen, den Kollegen, dem Chef, dem Klingeln des Telefons, einer Unterhaltung, einem Blick, dem innerlichen Stress, der fehlenden Zeit,... Sicher könntest Du eine Menge hinzufügen.

Ein anderer Grund für Schmerzen und Unwohlsein liegt darin, dass uns im Körper muskuläre Ausrichtungen fehlen, die die Muskeln in ihrer Arbeit unterstützen. Wenn Menschen dazu neigen in sich zusammen zu sacken, dann werden manche Muskeln zu schlaff durch **Unterforderung** und andere zu fest durch **Überbeanspruchung**. Aus dieser Dysbalance entsteht dann durch häufige Wiederholung der sogenannte **Fehlgebrauch**, eine für die Aktion/Bewegung ungeeignete Anspannung. Die gesamte „Tensegritätsstruktur" (die verbindende Struktur von Gewebe und Knochen) wird belastet. Das beeinträchtigt Bändern, Gelenke und Organe, reizt manchmal die Nerven und klemmt sie ein. Zu viel Spannung hier, zu wenig anderswo, alles verbunden mit ungünstiger Körpermechanik und fertig ist das Rezept für Beschwerden und Schmerzen. Druck auf die Wirbelsäule ist die häufigste Ursache für viele unserer Probleme. Ganz egal wie gut ergonomische Stühle sein mögen, das Hauptproblem ist die Unkenntnis von Funktion und Gebrauch des menschlichen Körpers.

Vielleicht hindern uns auch Zeitdruck und Arbeitsbelastung daran, unser alltägliches Leben selbstbestimmt in die Hand zu nehmen. Denn eine der Schwierigkeiten bei der Computerarbeit ist, dass wir nicht bemerken, was mit uns passiert und wir deshalb auch nicht wissen, wie wir mit den negativen Folgen umgehen sollen. Deswegen schlagen wir vor, aufmerksamer für die vielfältigen Probleme und deren Lösung im Alltag zu sein. Aufmerksamkeit selbst ist eine mentale Aktivität; Dich selbst wahrzunehmen, ist also eine körperlich-geistige Aktivität und etwas, das wir ab einem bestimmten Alter nicht mehr üben, es sei denn, man betreibt Tanz, Sport oder eine Form von Körperarbeit.

Eigentlich wissen wir genau, wie erstaunlich anpassungsfähig der menschliche Körper ist, nur vergessen wir es immer wieder. Über alle Gedanken und Gefühle hinaus sind wir Wesen, die für Bewegung geschaffen sind, mit einem feinfühligen Nervensystem und etlichen eingebauten Reflexen. Setz Dich den ganzen Tag vor den Computer und Dein Körper wird sich daran gewöhnen – und er wird sich verändern. Das empfindliche System wird abstumpfen und nicht mehr so gut funktionieren. Paradoxerweise kann es aber auch verrückt spielen und in stressigen Situationen überreagieren.

Dieses Buch möchte Dich in der Entwicklung Deines kinästhetischen Sinnes (das ist die Fähigkeit, Lage und Bewegungsrichtung von Körperteilen zueinander und in Bezug zur Umwelt von innen heraus wahrzunehmen) und der damit verbundenen Öffnung Deiner Aufmerksamkeit unterstützen. Deshalb stellen wir gleich im ersten Kapitel einige Ideen zum Ausprobieren vor und erklären Funktionsweisen und Zusammenhänge. Verstehen, Üben, Wiederholen, Veränderung wechseln sich ab, gehen Hand in Hand und stehen in einem dynamischen Prozess. Jede wirkliche Veränderung braucht Neugier, Zeit, Geduld und Aufmerksamkeit. Dieses Buch kann Dich dabei begleiten.

Computer Comfort

Teil 1

Körpergeschichten

Jeder Körper hat seine Geschichte. In unserer Kindheit lernten wir Dinge wie balancieren, laufen, springen, Fahrrad fahren und noch viel mehr. Und grundsätzlich nehmen wir an, dass wir das, was wir einmal gelernt haben, nicht mehr verlernen. Im Großen und Ganzen stimmt das auch. Es haben sich Bewegungsautomatismen gebildet, die das Leben erleichtern. Manchmal ist es jedoch gut, Gewohnheiten zu hinterfragen. Dann kommt der Gedanke einer Feinabstimmung ins Spiel: dass es möglich sein könnte, die eigene Körperwahrnehmung, ein Gefühl für Bewegung von innen heraus auszubilden, sich selber mehr zu spüren, und damit Einfluss auf die Bewegungsqualität zu nehmen. Wir tun das allerdings eher selten, und auch deshalb sieht man so viele verschiedene Arten von Bewegungsmustern bei anderen Menschen: lustige, ungewöhnliche, wundervolle, nervige... Oft sind das Verhaltensmuster, die wir uns in jungen Jahren angeeignet haben. Menschen haben viele liebenswerte Gewohnheiten, die wir an ihnen mögen und die wir vermissen würden, wenn sie fehlten. Bewegung kann so wunderschön sein, nicht nur beim Tanz oder Ballett, wir können sie auch bei Freunden entdecken oder bei völlig Fremden auf der Straße.

> Nimm Dir einen Moment Zeit, sieh Dir die Menschen in Deiner Umgebung an, im Büro, im Bus, im Zug, im Flugzeug oder im Laden, wo auch immer. Achte auf die verschiedenen Arten, wie Menschen sich die Hand schütteln, wie sie sitzen, stehen, gehen. Einige sehen ein bisschen linkisch oder steif aus, als fühlten sie sich unwohl in ihrem eigenen Körper. Andere sehen aus als bewegten sie sich immer leicht und mühelos, sie tun alles so, als wären sie dafür geschaffen. Ihre Bewegungen sind ergonomisch ausgewogen und harmonisch fließend - vielleicht nicht ständig, aber immer wenn es nötig ist.

Wenn wir älter werden wird es für die meisten Menschen schwierig, neue Bewegungsmuster zu lernen; es ist arbeitsaufwendig, Gewohnheiten zu erkennen und zu verändern, und oft machen wir uns die Mühe erst, wenn wir Schmerzen oder sonstige Beschwerden haben.

Solange wir Kinder sind, experimentieren wir mit sensorischen Erfahrungen, weil es Spaß macht und lernen auf diese Weise, voller Freude unseren Körper zu spüren. Irgendwann hören wir damit auf, lernen andere nützliche Dinge des Lebens, und so tritt unsere sensorische Entwicklung dahinter zurück. Hast Du früher auch mal auf der Seite gelegen und Deinen Arm hochgehalten, um ihn ohne Kraftanstrengung zu balancieren? Bist Du freihändig Fahrrad gefahren, hast Du nähen und stricken gelernt und Dich darüber gefreut solche Dinge zu können? Hast Du mit Luftballons gespielt oder gelernt Bälle zu werfen? Wie oft hast Du es als Kind versucht, und wie viel davon haben wir alle später vergessen? Die kindliche Begeisterung, Deine und meine, als wir anfingen, Bälle zu fangen ohne zu wissen warum. Diese Momente sind oft zu weit entfernt, um sie wirklich noch zu spüren, aber nah genug, um sie zumindest bei unseren Kindern zu sehen. Heutzutage lernen die Kinder in der Welt von Wii und iPod andere Fähigkeiten, denn die Zeiten ändern sich. Aber wenn die Umstände es erlauben, lernen Kinder in einem bestimmten Alter immer noch das Gleiche. Wenn Du z.B. das Glück hattest mit einem Haustier aufzuwachsen, hat Dir das geholfen, Dich anders wahrzunehmen. Wir haben dadurch gelernt, mit anderen Lebewesen sanft umzugehen, sie zu halten, zu streicheln – manchmal der einzige Trost in einigen Momenten des Lebens.

Mit dem Älterwerden werden wir meist auch etwas härter, und so zu dem was wir jetzt sind. Denn wir vergessen, wie es war ein Kind zu sein: voller Dynamik, voller Leben im Jetzt, voller Erwartung an den Augenblick, versunken in eine Tätigkeit - und aus jeder ging es direkt weiter in die nächste, ohne einen Gedanken an Zeit. Das war eine Art von Freiheit, frei von dem Sog, der uns unser Leben lang von uns selbst weg zieht - von dem was wir waren zu dem was wir werden. Das gilt für Dich und mich und für alle anderen Menschen. Wir geben das alles nicht wirklich auf, aber es wird zugeschüttet vom Schulalltag und all den Dingen, die wir zum Überleben lernen müssen. Dabei hat es solchen Spaß gemacht, und wir haben gar nicht bemerkt, wie wir dabei gelernt haben.

Als Jugendliche lernen wir oft eine Sportart wie Fußball, Tennis, Tischtennis, Tanzen, Laufen, Kampfkunst usw. Manchmal beginnen wir erst später im Leben damit, um den Auswirkungen des Älterwerdens zu begegnen. Zu dem Zeitpunkt ist oft einiges von dem Feingefühl für unseren Körpers verloren gegangen, und wir trainieren nur bestimmte Muskeln ohne etwas davon ins alltägliche Leben zu übertragen und mitzunehmen. Viele trainieren auch, um die Nachteile des Stadtlebens auszugleichen: die Arbeit am Computer, im Büro oder die allgemeine Arbeitssituation, die häufig Beschwerden und Schmerzen verursacht. Es ist der Mangel an Bewegung, den die Menschen in ihrer freien Zeit nachholen wollen. Wir schieben unsere Trainingszeit zwischen Geldverdienen und Familie, anstatt Bewegung und Körperwahrnehmung zu einem festen Bestandteil unseres täglichen Lebens zu machen. Es ist seit langem kein natürlicher Teil unserer westlichen Kultur mehr, aber wenn die Umstände günstig sind, ist es immer noch Teil der Jugendkultur.

Wenn wir uns mit unserer sensorischen Wahrnehmung beschäftigen, und sie sich dadurch verbessert, werden wir nicht von heute auf morgen Fred Astaire, Ginger Roberts, Lucy Liu oder Bruce Lee. Jeder entwickelt sich auf seine Art und Weise. Du fängst an, Dich mehr wahrzunehmen; Du hörst auf Dinge zu tun, von denen Du merkst, dass sie nicht hilfreich sind; Du beginnst, Deinen Körper anders zu organisieren. Für viele ist es das erste Mal, aber allmählich machst Du Bewegungen öfter aus den Gelenken heraus, aus Hüften, Knien und Fußgelenken. Du bist manchmal besser koordiniert, weniger verspannt, hast dafür aber mehr Aufmerksamkeit für Dich selbst und Deine Umgebung. Du wirst Dich anders bewegen und dabei entspannter sein. Ganz einfach – Du fühlst Dich besser. In gewissem Sinn wirst Du multifunktionaler und wacher für Dich selbst. An manchen Tagen wirst Du das öfter anwenden als an anderen – so wie das eben ist im Leben.

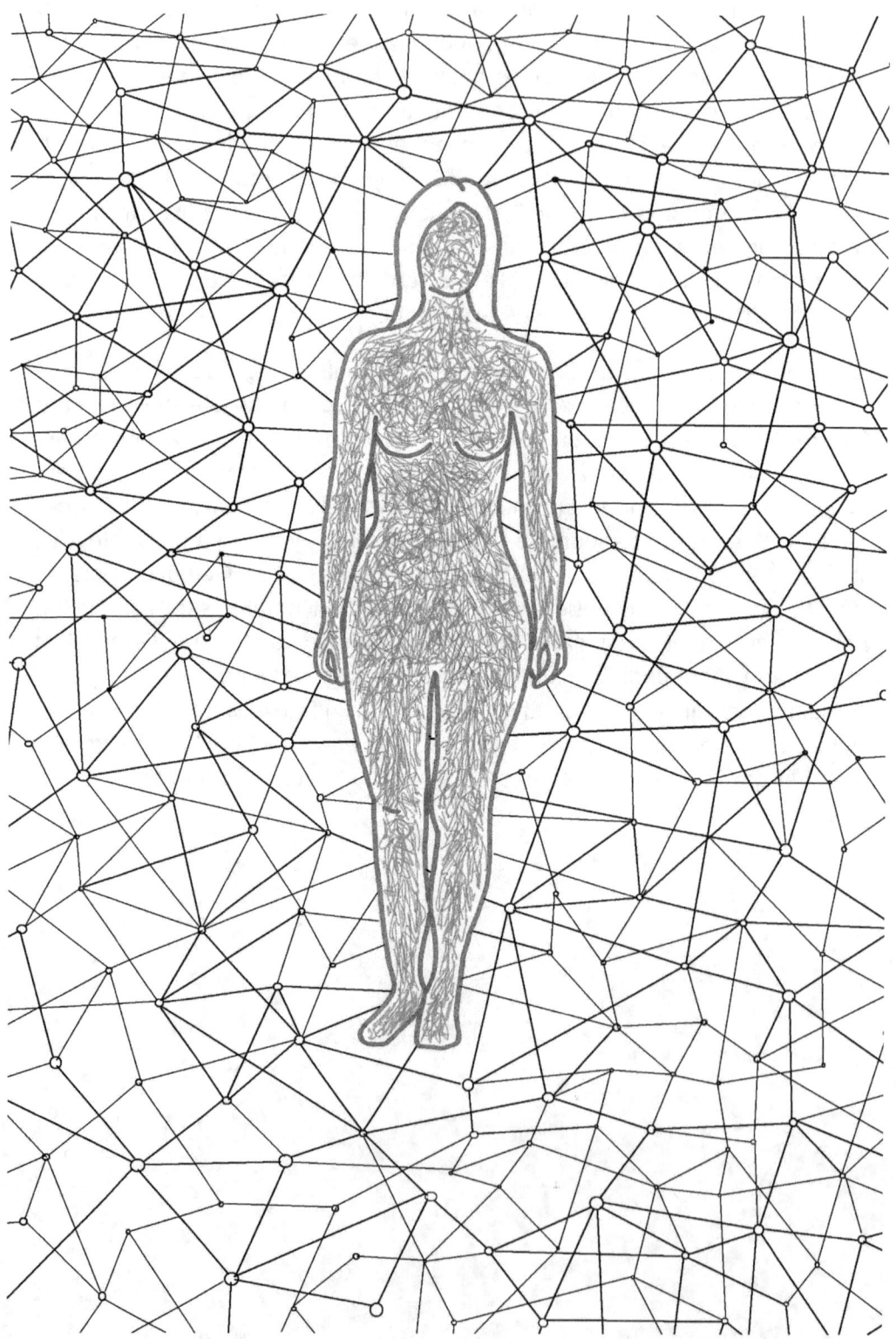

Wahrnehmung von innen heraus

Als körperlich-seelische Reaktion auf das Leben tendieren viele Menschen dazu, sich zusammenzureißen. So wie wir uns gedanklich zusammennehmen, um nicht über Erderwärmung, Hunger, Krieg und die Armut von 99% der Weltbevölkerung zu verzweifeln, so halten wir uns auch körperlich mit viel Muskelspannung zusammen. Diese Spannungsmuster haben sich allmählich entwickelt und bleiben bestehen, weil sie uns wortwörtlich aufrecht halten und uns im Alltag schützen. Lass uns also etwas ausprobieren.

> Beginnen wir mit dem Gesicht. Kannst Du Deine Lippen etwas weicher werden lassen? Die Zunge auch? Hat sich Dein Kiefer entspannt? Für einen Moment schließe langsam die Augen. In diesem Augenblick hast Du die meiste übermäßige Spannung in Deinem Gesicht gelöst; Du hast Dich für einen Moment von der Maske gelöst, der Maske der kleinen Verspannungen, die wir alle tragen.
> Mach diesen Versuch noch einmal und fühle, ob die Lippen noch weicher werden können, dann die Zunge und der Kiefer. Was passiert mit dem Kopf? Hat er sich etwas bewegt oder ist er immer noch schwer? Wenn Du beim nächsten Mal in Dein Gesicht spürst, probiere, ob der Kopf auch ein bisschen leichter werden kann. Dann denk Dir dazu, dass die Schultern sich öffnen dürfen. Wunderbar!

Wie war das? Hast Du Dich entspannt und Dich gleichzeitig leichter gefühlt? Vielleicht - und wenn nicht, gib der Erfahrung Zeit und lies erstmal weiter. Auf diese Weise erkennt man Spannungsmuster, löst sie und gewinnt zusätzlich an Leichtigkeit für Kopf und Schultern. Möglicherweise fühlst Du Dich wie nach dem Haare waschen, so leicht ist Dein Kopf.

Wenden wir uns nun dem Daumen zu: Kannst Du ihn ein bisschen weicher werden lassen? Wenn ja, hast Du bemerkt, dass dann auch das Handgelenk weicher wird? Und wenn ganz viel Spannung da war, sind Deine Schultern vielleicht auch entspannter geworden. Manchmal geht dieses Muster bis zum Kiefer und der Zunge, ein ganz schön langer Weg, nicht wahr? Wenn Du Dir dessen nicht sicher bist, mach eine Faust als wolltest Du boxen, so fest, dass auch der Daumen fest ist; dadurch ziehen sich bestimmte Muskeln vom Handgelenk bis zu den Schultern zusammen. Entspanne jetzt den Daumen - und das ganze Muster kann sich lösen. Um das Spannungsmuster zu erforschen, kannst Du es immer wieder ausprobieren. Um es noch einmal ganz klar auszudrücken: Angespannte Daumen bedeuten angespannte Handgelenke und das bedeutet, dass Deine Schultern auch mit dazu kommen.

Einige glückliche Menschen sind frei von Verspannungen in Hals und Kiefer, und sogar in den Schultern, aber das gilt leider für die Wenigsten. D.h. die meisten von denen, die das hier lesen, haben gerade eben das TWSL (sprich ‚Twissel') - Muster kennengelernt und aufgelöst. TWSL steht für Thumb-Wrist-Shoulder-Lips – also Daumen-Handgelenk-Schulter-Lippen. Das „L" gehört dazu, weil bei manchen Leuten die Verspannung bis zu den Lippen geht. (Ehrlich gesagt habe ich mir diese Abkürzung gerade erst ausgedacht, aber sie hört sich so nett an, dass wir sie einfach beibehalten.)
Versuche, dieses Muster im Laufe des Tages immer wieder zu bemerken und erinnere Dich daran es aufzulösen - auch während Du weiterliest. Natürlich funktioniert das nicht jedes Mal, aber das gehört eben dazu.

Hier sind noch ein paar mehr Fragen: Wie geht es Deinen Schultern? Kannst Du sie etwas entspannen? Oder können Deine Lippen weicher sein? Und was ist mit Deinem Kiefer?

All diese Fragen sind ‚nur' eine Sache der Wahrnehmung. Ich sage ‚nur', aber dieses ‚nur' ist tatsächlich etwas sehr Besonderes, denn Du musst ‚nur' das Muster sehen und erfassen. Und normalerweise tun wir das nicht, denn wir haben es nicht gelernt und schon gar nicht geübt – es ist nämlich eine ganz besondere Fähigkeit. Sie wird unser propriozeptiver Sinn genannt und ist die Fähigkeit, uns von innen heraus wahrzunehmen. Eigentlich ist es die natürliche Fähigkeit eines jeden Menschen.

Die meisten Menschen sitzen entweder zusammengesunken oder angespannt. Wenn Du im Alltag dazu neigst, in Dich zusammenzusinken, dann wirst Du in einigen Bereichen des Rumpfes zu viel Spannung haben. Dadurch entsteht Druck auf die Wirbelsäule während andere Körperbereiche nicht genügend muskuläre Unterstützung haben. Hältst Du Dich dagegen zu angestrengt aufrecht, können die Verhältnisse genau umgekehrt sein. Beides hat seine Probleme und Auswirkungen. Meistens sacken die Menschen aber in sich zusammen, da wir im Hinblick auf unseren alltäglichen Körpergebrauch eher den Weg des geringsten Widerstandes wählen. Und das wird dann zu unserer Gewohnheit, unserer Lieblingshaltung, das „Normale" eben, und falls keine Schmerzen oder Beschwerden auftreten, werden wir daran auch nichts ändern. Menschen hingegen, die zu aufrecht oder zu angespannt sitzen, neigen grundsätzlich zu einer Muskelspannung, die mehr oder weniger den ganzen Körper gefangen hält. Dabei ist leicht zu sehen, dass ein Mittelweg von Vorteil wäre. Genau das ist es, was wir in diesem Buch empfehlen: einen Weg, der zu einem ausgewogenem Muskeltonus führt. Keine übermäßige Anspannung, aber auch keine zu tiefe Entspannung, damit wir nicht komplett in uns zusammenfallen. Wir brauchen eine, der Situation angepasste Muskelspannung, um aufrecht zu bleiben.

Lass uns noch ein bisschen weiter experimentieren.

Sitzt Du entspannt und bequem? Gut. Dann sind Deine Arme vermutlich schwer. Lass den linken Arm so, und lass den rechten leicht werden, schwerelos, wie eine Feder, ganz leicht. Hast Du bemerkt, ob sich der Arm angehoben hat? Hat er sich bewegt? Lass beide Arme wieder schwer und entspannt werden während Du weiterliest. Lass den linken Arm weiterhin schwer sein, und lass den rechten wieder leicht werden - ohne irgendeine Bewegung. Beobachte, was dabei im Schulterbereich passiert. Konntest Du die leichte Muskelaktivität spüren, die nötig ist um den Arm leicht werden zu lassen, und wie sie den Arm entlang wandert über die Schultern bis in den oberen Rücken? Es ist fast unsichtbar. Wann immer der Schultergürtel aktiv wird, will auch der obere Rücken mitmachen. Es sieht dann so aus, als würdest Du Dich aufrichten. Wiederhole diesen Versuch einige Male quasi „im Hintergrund" während Du weiterliest.

> **VIP**: Ein kleines Detail: Kannst Du spüren, wie lebendig sich der rechte Arm jetzt im Vergleich zum linken anfühlt. Das macht unsere Aufmerksamkeit so besonders: sie bringt mehr Leben in den Körper. Als würde plötzlich ein Licht auf den einen Arm scheinen, während der andere völlig ignoriert wird. So wie wir es manchmal mit Menschen machen; dem einen schenken wir Beachtung, dem anderen nicht. Der leichte Arm wird sich besser (an)fühlen als der, der keine Aufmerksamkeit bekommen hat.

Deshalb experimentiere jetzt mit dem linken Arm, so, dass man es von außen nicht sieht. Obwohl das vielleicht nicht ganz stimmt, wir wollen Dir lediglich eine Vorstellung davon vermitteln, wie unsichtbar dieser ganze Prozess sein kann, wenn er frei von anderen muskulären Mustern ist.

Um diese sensorische Erfahrung auf eine leichte Art zu beschließen, lass noch einmal beide Arme schwer werden. Wenn Du jetzt den einen Arm leicht werden lässt, beginne bei den Fingerspitzen und wandere weiter den ganzen Weg herauf zur Schulter. Hat der Kopf mitmachen und mehr von der Welt sehen wollen?

Das ist unser Vorschlag für leichte Arme: Beginne mit den Fingerspitzen oder erlaube dem Arm, von den Fingerspitzen an, leicht zu werden. Probiere aus, was der Unterschied ist, wenn Du mit dem Handgelenk, dem Unterarm oder den Schultern anfängst. Alle diese verschiedenen Muster benutzen Menschen, wenn sie ihre Arme bewegen. Wenn Du mit den Fingerspitzen beginnst, entsteht Bewegung, aber keine Verspannung. Wenn Leichtigkeit Dich in Bewegung bringt, wird die Bewegung weich und fließend sein.

Mit diesen Übungen konnten wir Dir hoffentlich einen ersten Eindruck davon vermitteln, wie Dein Körper mit einem ganzen Geflecht von Spannungen reagiert, das sich über das gesamte System erstreckt. Viele der Anregungen in diesem Buch dienen dem Erkennen solcher Muster und wie man daran arbeiten kann, Wege aus diesem Labyrinth zu finden, das wir unser ‚Selbst' nennen.

Haltungen, Gedanken und Gefühle beeinflussen und bedingen einander. Man könnte sagen, sie sind gute Freunde, die nicht gerne ohne einander sein wollen. Bestimmte Haltungen erzeugen bestimmte Gedanken und bestimmte Gefühle.

THE HABITUAL HIGHWAY

Alte Gewohnheiten verschwinden nicht so ohne weiteres, sie mögen uns zu sehr, und wir scheinen immer einen Platz für sie reserviert zu haben, wenn wir nicht auf uns achten. Wenn unsere Aufmerksamkeit nur auf unser Tun gerichtet ist, kommen die Gewohnheiten heimlich angeschlichen.

Gewohnheiten

Gewohnheitstiere - natürlich sind wir das! So lernen wir das, was überlebensnotwendig ist. Und haben wir uns diese Dinge erst einmal zu eigen gemacht, können wir gleichzeitig unsere Aufmerksamkeit und unser Denken anderem zuwenden, wie z.B. beim Autofahren. Manches im Leben muss funktionieren, ohne dass wir uns bewusst damit befassen, wie etwa die Treppe herunterzulaufen. Würdest Du währenddessen darüber nachdenken, würdest Du Dich wahrscheinlich ziemlich schnell im freien Fall befinden.

Gewohnheiten können auch lebensrettend sein: z.B. zu kontrollieren, ob das Gas abgedreht und die Tür verschlossen ist, nach links und rechts zu gucken, bevor man die Straße überquert. Das sind gute Gewohnheiten, die man pflegen sollte. Dann gibt es noch unsere ganz persönlichen Gewohnheiten: Wir haben eine typische Art, die Arme zu verschränken, zu stehen, die Tasche immer auf der gleichen Schulter zu tragen, das Telefon immer in der gleichen Hand zu halten oder immer zwei Stück Zucker in den Kaffee zu tun. Wenn wir unsere Routine, unsere Gewohnheiten verändern, beginnt ein völlig neues Spiel, eine ganz andere muskuläre Aktion, die sich sehr fremd anfühlen kann.

> Versuch einmal folgendes: verschränke die Arme dreimal schnell hintereinander ohne Pause. Dann noch einmal, aber diesmal umgekehrt, also mit dem anderen Arm oben. Versuch das ein zweites und drittes Mal, um sicher zu gehen. Eine Seite ist die gewohnte, die andere nicht, die ist neu. Die gewohnte Seite wird sich bequem oder normal anfühlen, die andere dagegen sonderbar fremd.

Man kann diese Versuche noch endlos fortsetzen. Hinzu kommen dann noch unsere mentalen und emotionalen Gewohnheiten und Reaktionsmuster. Wir bewegen uns gewöhnlich in immer gleichen Bahnen, sei es auf dem Weg zur Arbeit oder in unseren Reaktionen auf bestimmte Situationen. Wir verhalten uns Menschen gegenüber auf immer gleiche Art und Weise, je nach Zu- oder Abneigung. Unsere Neuronen feuern, die Assoziationen kommen. Es ist ein bisschen so, wie wenn wir morgens eine Melodie hören und sie für den Rest

des Tages nicht mehr loswerden.
Wir leben ein Leben voller Assoziationen, darin sind wir Meister. Gewohnheiten sind tief verwurzelt und wirken im Dunkeln mit der hohen Geschwindigkeit, mit der unsere Neuronen feuern. Die Impulse bewegen sich in eingeschliffenen Bahnen und setzten ganze Reaktionsketten in Gang. Einmal erworben, laufen diese Prozesse automatisch ab. Die Reaktion kann körperlich sein: eine Bewegung, eine Geste der Hand, ein Spielen mit den Haaren, ein Berühren des Gesichts; zumindest ist es nach außen hin sichtbar. Aber oft sind es unsere Gedanken und Gefühle, die unsere Körpersprache ausmachen. Manches entsteht aus Angst, Anspannung oder Sorge, andere Reaktionen drücken Wünsche und Verlangen aus, oder wir wollen dominieren, kontrollieren oder schlicht überleben. Unser „Gewohnheits-Selbst", so lebensnotwendig es sein mag, kommt uns gelegentlich auch in die Quere. Manche unserer Angewohnheiten können uns in unangenehme Situationen bringen, ob körperlich, emotional oder mental.

Mehr darüber im nächsten Kapitel....

Deine innere Stadt

Deine innere Stadt ist in erster Linie die Stadt Deiner Gedanken, und Du bewegst Dich dort, wie in den Straßen einer echten Stadt; Du nimmst immer den gleichen Weg zur Arbeit oder zum Einkaufen. Auch unser Geist geht oft gewohnte Wege. Die Stadt Deiner Gedanken hat, ebenso wie die Stadt, in der Du wohnst, schönere Gegenden, nettere Viertel, und genau wie in echten Städten gibt es Straßen, in die Du ungern gehst und einige Ecken, die so gefährlich sind, dass Du sie meidest. Betrachte die Stadt Deines Selbst als eine Einheit von Verstand, Gefühl und Körper, dann ist das Bild vollständiger und Du kannst mehr von dem Puzzle erfassen. Denn oft sehen wir die Dinge nur oberflächlich, statt die Eindrücke wirklich in uns aufzunehmen und das ganze Bild anzusehen. In der inneren Stadt bewegen wir uns mit der Geschwindigkeit von Gedanken - und das ist ziemlich schnell. Vielleicht erinnerst Du Dich, dass Einstein sich damit beschäftigt hat, wie es wäre, sich mit Lichtgeschwindigkeit fortzubewegen. Du wirst es nicht glauben, aber in unserem Inneren sind wir in einem ähnlichem Tempo unterwegs, wenn nicht schneller.

Verloren in der Stadt des eigenen Selbst

An guten Tagen gehen wir vielleicht durch die „Mitgefühls-Straße", den „Führsorglichkeits-Weg" oder die „Fröhliche Hauptstraße", lächelnd und mit anderen plaudernd. Ein anderes Mal, an nicht so guten Tagen, sind wir in weniger angenehmen Gegenden unterwegs, und wir sind egoistisch, kühl und distanziert zu anderen. Dann ist auch die Gesellschaft, in der wir uns befinden, nicht so berauschend, wir reden schlecht über andere, haben negative Gedanken. Oft wissen wir gar nicht, wie wir dahin gekommen sind, und es ist ganz schön mühsam, den Weg nach Hause zu finden, heraus aus der schlechten Stimmung. Man kann es eigentlich nicht oft genug sagen: es geht um Gewohnheiten, um bevorzugte Standpunkte.

Wenn Du in Deiner Lieblingshaltung sitzt, hast Du assoziative Gedanken, die eng mit dieser Position verknüpft sind. Und als gute Freunde, die die beiden nun mal sind, wollen sie sich auch nicht trennen. Das wird deutlich, wenn Leute sagen: „aber in der Stellung kann ich am besten denken" oder

„mit Kaffee und Zigarette" oder „auf meinem Lieblingsstuhl" – das Gleiche gilt für eine bestimmte Handhaltung oder eine Berührung im Gesicht. Starke Muster haben starke Verknüpfungen, und egal ob gut oder schlecht, wir finden es schwer, sie aufzugeben. Wir sind eine komplizierte Spezies, und unsere „Stadt" ist oft sowohl schlecht beleuchtet, als auch miserabel ausgeschildert. Kurz gesagt, wir verirren uns leicht.

Jeder kennt diese Momente, wenn wir gedankenverloren dasitzen und dann plötzlich zu uns kommen. Und während wir uns daran erinnern, wo wir uns gerade befinden, hebt sich der Kopf ein wenig, als tauche er aus dem Wasser auf. Die alten Griechen und Römer nannten das den „Ozean des Vergessens", in den wir eintauchen und in dem wir versinken oder schwimmen, aus dem wir aber immer wieder auftauchen müssen, um die frische Luft der Wirklichkeit einzuatmen. Man wacht plötzlich wieder auf, der Kopf geht ein bisschen in die Höhe, er richtet sich neu aus, vielleicht nicht perfekt, aber doch deutlich. Auch die Schultern beginnen sich zu öffnen, doch sie sind scheu und brauchen unbedingt Ermutigung. Dieses ganze Gebiet von Kopf, Hals und Schultern ist der Bereich Nr.1 der Körperwahrnehmung. Von hier aus öffnet sich, bildlich gesprochen, ein Energiestrom, so wie sich eine Blume öffnet, die etwas Wasser bekommen hat.

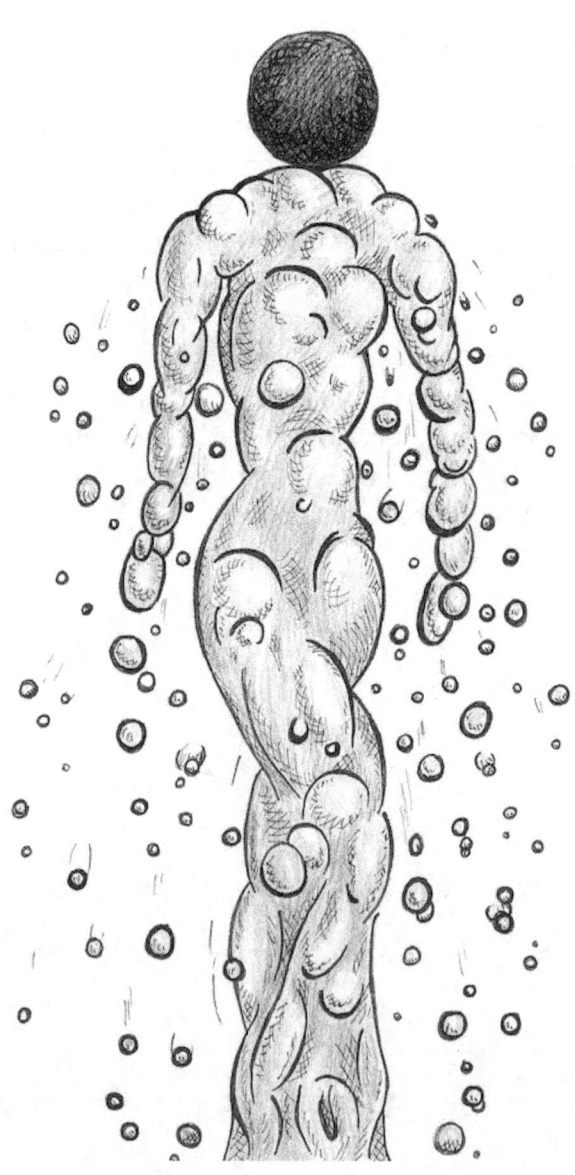

Ausgerichtete Bewegungs-Energie

Wenn wir versuchen, unseren Körper mit Gedanken und Bildern in eine bestimmte Richtung zu aktivieren (z.B. mit der Vorstellung einer Blume, die Wasser bekommen hat und aufblüht, oder dass unser Kopf ein Luftballon ist), dann hat das Auswirkungen auf unser Muskelsystem. Manchmal ist es kaum spürbar, aber der Effekt ist trotzdem da, so belebend, als würde ein Energiestrom durch den Körper geschickt. Du kannst Dir vorstellen, dass die Wirbelsäule einer Fontäne gleicht, auf deren Spitze der Kopf wie ein rotierender Ball frei balancieren kann, solange das Wasser fließt. Wenn wir uns zusammenziehen oder den Energiefluss blockieren, verlangsamen sich die Bewegungen von Wasser und Ball. Es hilft enorm, wenn wir bemerken können, wo wir uns zusammenziehen oder verspannen. Oder um auf die Blume zurück zu kommen: Wenn unsere Aufmerksamkeit von anderen Dingen in Anspruch genommen wird, wird sich die offene Blume vermutlich wieder schließen. Dieses Bild hat, weil es aus der Natur kommt, eine andere Kraft, als wenn man sich vorstellt, ein Buch oder einen Blumentopf auf dem Kopf zu haben. Diese letztgenannten Vorstellungen stammen aus dem 19.Jh. und lassen uns eher fest werden, weil wir dabei an Haltungskorrekturen denken, und das ist gerade das Gegenteil davon, sich wie eine Blume zu öffnen.

Faktisch ruht der Kopf auf dem Atlas. Um den Kopf in Balance zu halten, müssen die kleinen Hinterhauptsmuskeln, die die oberen Halswirbel mit dem Hinterkopf verbinden, gelöst sein; nur so können sie ungehindert arbeiten. Dies gelingt oft nur für einen ganz kurzen Moment und kann im nächsten Augenblick wieder vorbei sein. Wir finden, dass es sehr hilfreich ist, die Aufmerksamkeit von diesem kleinen Bereich der Kopfbalance auf die gesamte Hals- und Schulterregion auszudehnen. Das ist ungefähr so, als würde man mit einer Taschenlampe einen Punkt beleuchten und dann den Lichtkegel erweitern. Der Kreis der Wahrnehmung wird größer und öffnet sich in alle Richtungen - nicht schnell, sondern ausgewogen in Bezug auf Aufmerksamkeit und Energieaufwand.

Eigentlich ist es ganz einfach: der Kopf richtet sich auf und der Körper folgt, aber für viele Menschen ist diese Idee gar nicht so einfach umzusetzen. Bilder oder Metaphern sind deshalb so hilfreich, weil sie den mentalen Prozess mit der sensorischen Wahrnehmung verknüpfen. Mit gedachten Richtungen nutzt man die Energie der Aufrichtung im Körper und gewinnt so an Beweglichkeit, Koordination und Selbstsicherheit. Letztlich ist es einfach eine positivere Energie, die wir erzeugen und die sich in fast allem zeigt, was wir tun, nicht nur in unserer körperlichen Haltung. Denn sie hat einen weiterführenden Effekt auch auf unseren Geist – unsere gesamte Orientierung wird positiver. Nicht im übertriebenen Sinne, wir fühlen uns einfach etwas besser. Und dieser Prozess erneuert sich immer wieder von selbst.

Manchmal, wenn diese Richtungen fehlen, fühlen wir uns unentschlossen, blockiert, verloren in der großen Stadt, verschlossen wie eine Blume ohne Wasser, verkürzt, zusammengesunken und festgehalten, niedergeschlagen und müde.

Wenn wir diese Richtungen dann wieder in uns aktivieren, spüren wir das durch fließende Energie, hilfreiche Gedanken und größere Aufmerksamkeit, wie ein Gefühl des sich Öffnens, von Wachstum und Aufrichtung, Gradlinigkeit, Energie, Wachheit und vieles andere.

Im nächsten Kapitel folgen ein paar Ideen für hilfreiche Richtungen und Gedanken.

Kopfbalance

Lege Deine Finger hinter die Ohren, dort wo Du eine kleine Vertiefung fühlst; die Stelle ist sehr druckempfindlich. Wenn Du mit deine Fingern weiter nach innen kämst, würdest Du dort den ersten Halswirbels berühren. *Alles hinter dieser Linie befindet sich hinter dem Schwerpunkt Deines Kopfes,* denn in der Mitte zwischen den beiden Punkten liegt die Stelle, wo Dein Kopf auf der Wirbelsäule balanciert.

Wenn man den Kopf *vor* den Balancepunkt kippt, bedeutet es viel Kraftaufwand ihn dort halten, man überdehnt den Nacken, und das macht man meist mit zu viel Spannung. Wenn Leute den Nacken lang und überstreckt halten, bringt das die natürliche Kopfbalance ins Ungleichgewicht.
Die meisten Leute aber sacken mit ihrem Kopf unbeabsichtigt nach hinten und unten und fallen dann in ihrem Oberkörper in sich zusammen.

Versuche, Dir bewusst zu werden, was Du genau in diesem Bereich tust, denn dort liegt der Schlüssel zur Selbsthilfe.

Lass Deinen Nacken weich werden und fühle, was mit deinem Kopf passiert: dreht er sich ein bisschen nach vorne und nach oben – vielleicht nur ganz leicht? Oder geht er nach hinten und unten? Oder fällt er nach vorne und unten? Wenn Deine Augen, der Kopf und der Oberkörper sich beim Lesen in Richtung dieser Zeilen gesenkt haben, erlaube Deinem Kopf und den Augen sich zu heben, sodass der Abstand zum Buch sich vergrößert.
Öffne die Blume, und spüre, ob der Kopf eine neue Art von Gleichgewicht gefunden hat.

Viele von uns ziehen den Oberkörper, ihren Augen oder dem Gesicht folgend, nach vorne, die Schultern werden rund und der Brustkorb sinkt in sich zusammen. Noch interessanter aber ist zu beobachten, was passiert, wenn wir in Bewegung sind oder zu einer Bewegung ansetzen. Meistens wird der

Kopf nach hinten gezogen und die Nackenmuskulatur zur Vorbereitung der Bewegung angespannt. Wenn es Dir gelingt, in diesem kritischen Moment, beim Bewegungsanfang, den Nacken locker zu lassen, dann bewirkst Du wahre Wunder bei Dir selbst.

Ein Grund dafür ist, dass das wichtigste Gleichgewichtsorgan (der Vestibularapparat) oben in unserem Kopf im Innenohr sitzt - höher als die Wirbelsäule. Diese Bogengänge sind dreidimensional angeordnet und die Flüssigkeit darin reagiert auf jede (Kopf-) Bewegung. Wenn wir den Kopf ständig in ein und derselben Position halten, beeinflusst das unser Gleichgewichtssystem, die Muskeln passen sich an und wir desensibilisieren uns in Bezug auf ausgewogene Bewegung. Um die eigene Sensibilität wiederzufinden hilft es, aufmerksam für den Bereich Nr. 1 zu sein und ihn oft zu spüren.

Unser sensorisches System arbeitet nicht immer präzise; nach all den Jahren der Desensibilisierung haben sich die Nebeneffekte angehäuft. Unser kinästhetischer Sinn ist abgestumpft, und unser Körpergefühl wird unzuverlässig, weil wir verspannt sind und unsere Haltungsmuster nicht bemerken. Im Laufe der Jahre wird die Muskulatur dann steifer und auch kürzer, und wir werden immer unbeweglicher.

Jede Menge „wenn"

Der Kopf kann leichter und freier auf der Wirbelsäule balancieren:

- wenn Du an die Idee der sich öffnenden Blume denkst und beginnst, den Bereich von Kopf, Hals und Schultern zu öffnen.
- wenn Du den Nacken weich werden lässt.
- wenn Du die Augen schließt und hinter ihnen entspannst.
- wenn Du die Lippen weich werden lässt.
- wenn Du den Kiefer und die Zunge weich werden lässt.
- wenn Du ganz allgemein übermäßige Spannungen im Gesicht löst.

Die einheimischen Völker Nordamerikas pflegten anzuhalten, wo immer zwei Flüsse sich kreuzten und betrachteten diese Stelle als einen Ort von Ehrfurcht und Andacht. Sie hatten weder Feiertage noch spezielle Bauwerke für diesen Brauch. Genauso hielten sie inne, wenn sie die Feder eines Goldadlers oder eines anderen verehrten Vogels fanden - sie standen einfach still und hoben die Feder andächtig zum Himmel. Viele andere Kulturen hatten ähnliche Rituale.

Drei Bereiche des Körperbewusstseins

Bereich Nr.1: die „sich öffnende Blume", der Kopf-Nacken-Schulter-Bereich
Direkt hinter Deinen Ohren ist der Balancepunkt Deines Kopfes auf dem oberen Ende der Wirbelsäule. Die Muskeln von Kiefer, Nacken und Schultern sind eng miteinander verknüpft und reagieren aufeinander, einige dieser Muskeln reichen sogar bis tief in den Rücken. Es ist sinnvoll, mit dem gesamten Bereich von Kopf, Nacken und Schultern als Einheit zu arbeiten und die ganze Region gleichzeitig sowohl vorne als auch hinten zu spüren, denn das ist der Bereich, an dem die meisten Leute zusammensinken oder zusammengezogen werden, wie eine Blume, die sich schließt. Öffne Dich in diesem Bereich, langsam und fast unsichtbar, wie eine echte Blume, die sich abends schließt und morgens wieder aufblüht. Der Einfachheit halber nennen wir diese Region den Bereich Nr. 1.

Bereich Nr.2: die Hüften
Die Region, die den unteren Rücken, die Hüften und das Gesäß umfasst, nennen wir Bereich Nr. 2. Spannungen in den Hüft- oder Gesäßmuskeln wirken sich auf den unteren Rücken aus. Das wiederum löst eine weitere Kettenreaktion aus, denn Deine Knie und vermutlich auch Dein Zwerchfell werden dadurch fest. Wenn Du den Bereich Nr. 2 ein paar Mal bewusst anspannst und wieder locker lässt, kannst Du lernen, es zu spüren und im Laufe des Tages immer wiedererkennen.

Bereich Nr. 3: die Knie
Der Bereich Nr.3 ist einfach, es sind lediglich die Knie mit einigen Verbindungen. Im Stehen haben die Beine die starke Tendenz, in den Knien einzurasten. Für die meisten Menschen fühlt sich das stabil an, obwohl es in Wirklichkeit durchgedrückte Knie sind.
Um das auszuprobieren, versuche folgendes:

> Drück die Knie fest durch, dann lass sie wieder los. Wiederhole das ein paar Mal, um das Gefühl kennen zu lernen. Drück die Knie durch, lass sie wieder los, aber beuge sie nicht.
> Wenn Du das immer mal wieder ausprobierst, wirst Du vielleicht einiges bemerken und verändern, denn Bereich Nr. 3 hat eine Verbindung zu Bereich Nr. 2 und dieser wiederum beeinflusst Bereich Nr. 1.

Letztlich können sich alle drei Bereiche gegenseitig beeinflussen. Das muss nicht so sein, aber es hilft, wenn Du Deine Erfahrungen dahingehend erweiterst.

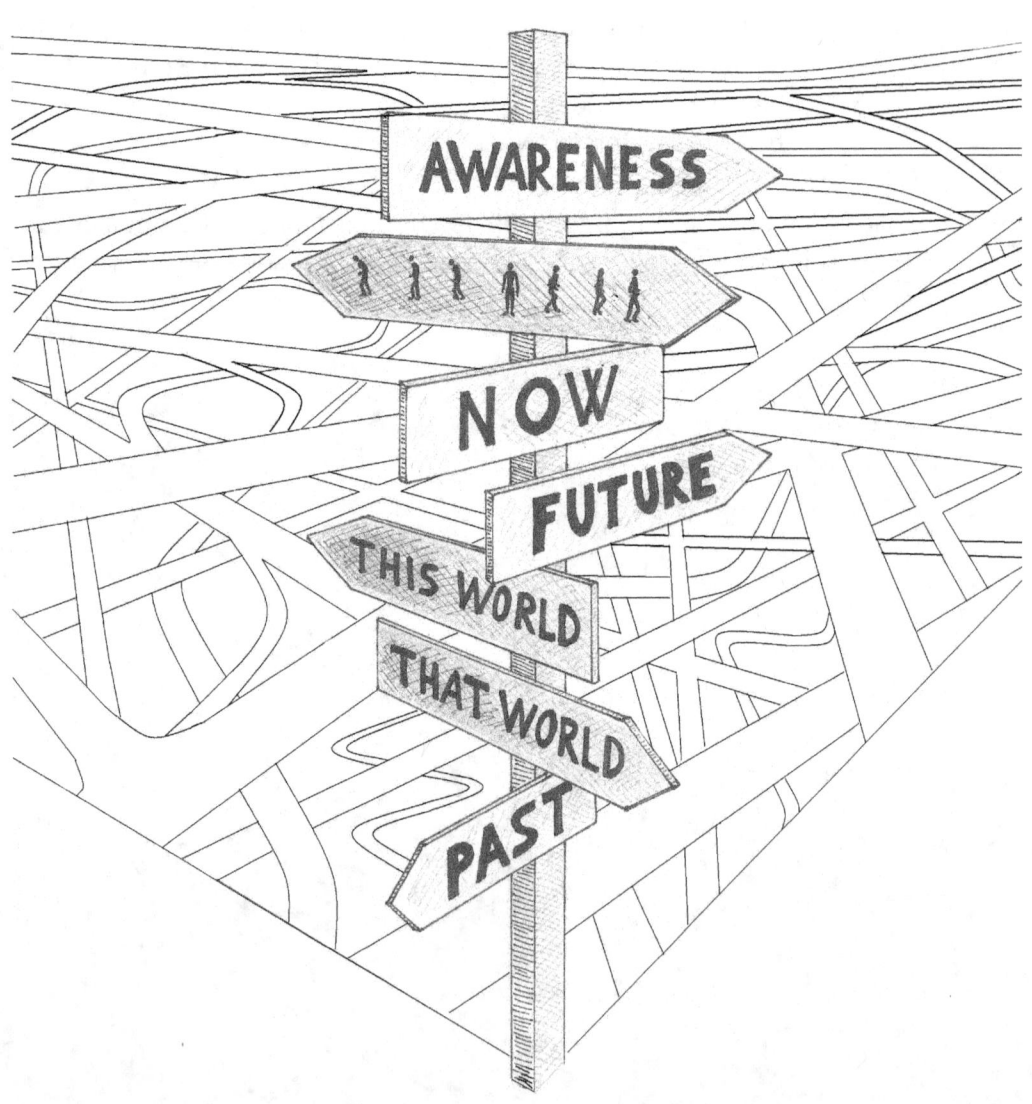

In die richtige Richtung gehen

Wir bewegen uns ständig in bestimmte Richtungen, von denen manche ratsamer oder sinnvoller sind als andere. Auch Muskeln ziehen sich in eine Richtung zusammen, entspannen in die andere. Wenn wir übermäßige Spannung loslassen, können Muskeln länger werden. Das heißt einfach, dass wir besser funktionieren, wenn wir bestimmte Gedanken oder Richtungen, also Nachrichten vom Gehirn an die Muskeln schicken. Diese reagieren dann nicht mit dem gewohnten Muskeltonus sondern mit einem neuen und angemesseneren, d.h. unsere Bewegungen werden leichter und geschmeidiger. Wir brauchen diese uns ausrichtende Energie, um einen besseren Umgang mit uns zu pflegen. Auf der anderen Seite ist es allerdings hilfreich, wenn wir uns immer wieder daran erinnern, dass nichts für immer und ewig ist, denn das Licht der Aufmerksamkeit schaltet sich ganz von alleine wieder aus.

Gedachte Richtungen sind vorbeugend, denn sie beeinflussen die „Wahrnehmung von innen heraus" – wie unser propriozeptiver Sinn genannt wird. Und mit der Zeit und etwas Übung wird sich Deine Körperwahrnehmung verändern. Und noch einmal: jede Kleinigkeit hilft. Du bringst letztlich eine bewusste Ausrichtung in Deinen Körper, die allerdings in der Hektik des Alltags leicht verloren gehen kann. Es geht nicht um eine Haltungskorrektur. Es geht darum, eine Ausrichtung in Deinem Körper zu finden, die Deine Kopfbalance in eine dynamische Beziehung zu Deiner Wirbelsäule in ihrer ganzen Länge setzt und die einen angemessenen Muskeltonus für Bewegung unterstützt.

Dieses Längen kann aktiv sein und bis zu einem gewissen Grad auch beibehalten werden. Von F.M. Alexander, einem Pionier der ergonomischen Umschulung haben wir gelernt, dass Richtungen in Form von Gedanken eine wirksame Vorbeugung gegen Fehlfunktionen der Muskulatur sein können. Wenn wir also bestimmte Gedanken/Richtungen/Botschaften vom Gehirn zu den Muskeln schicken, verbessern sich unsere Bewegungsmuster. Unsere Muskeln reagieren dann mit einer angemessenen Muskelspannung und nicht mit der üblichen, gewohnheitsmäßigen, sodass Bewegungen insgesamt leichter werden. Probiere doch die Alexander-Technik mal aus, schon nach wenigen Stunden wird sich Dein sensorisches Bewusstsein erweitern. Wie bei einer Pflanze, die man mit ein bisschen Wasser, Sonnenschein und Aufmerksamkeit versorgt, geht es Dir dann viel besser.

Hilfreiche Bilder

Ein Fluss mit vielen Verzweigungen.

Ein Baum mit seinen Ästen.

Eine Wasserstrahl, der seine eigene Stärke regulieren kann.

Ein natürliches Längerwerden durch den ganzen Körper.

Im nächsten Kapitel erfährst Du mehr über unsere Reaktionsmechanismen, denn sie bilden die Grundlage dafür, wie wir mit den Situationen in unserem Leben umgehen

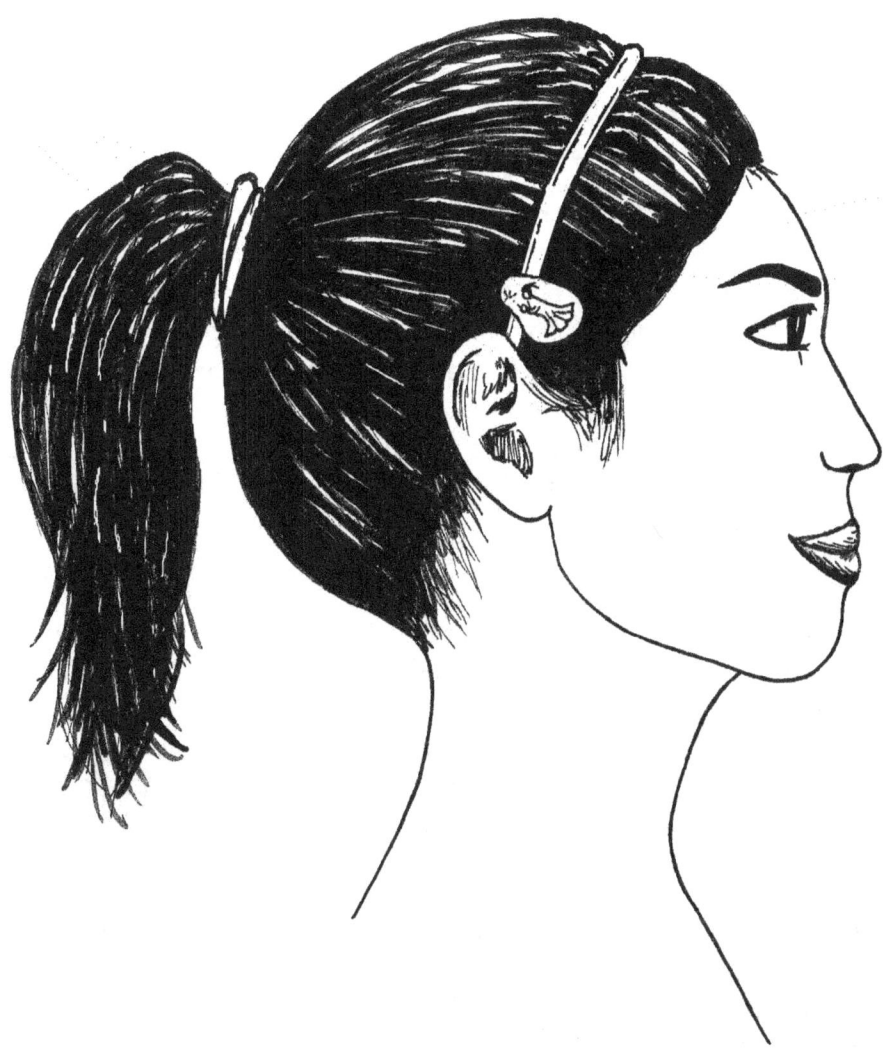

Dort, wo die kleine Figur auf dem Haarband liegt, befindet sich ungefähr die Amygdala im Gehirn.

Unser Reaktions-System

Worüber wir nun reden hat großen Einfluss darauf, wie Du Dich selbst wahrnimmst während Du etwas tust. Du hast einige angeborene Reflexe, die Dir helfen, in der Welt zu überleben. Einer davon ist der Schreckreflex (SPR Startle Pattern Reflex): er kann in gefährlichen Situationen lebensrettend sein.

Wenn Du einen lauten Knall hörst, Lärm, eine Explosion oder ähnliches, kommt automatisch eine Kettenreaktion in Gang. Sie beginnt in der Regel mit einem Wimpernschlag, gefolgt von einer Kontraktion der Nackenmuskeln und dem Zusammenziehen des ganzen Körpers in eine Schutzhaltung. Das kennt jeder von uns, man nennt es auch Kampf- oder Fluchtreflex. Pferde sind Fluchttiere, Bären und Tiger sind Kampftiere, bereit sich zu verteidigen und zu kämpfen oder, manchmal eben doch, so schnell wie möglich zu rennen. Menschen sind beides und mehr.

Der Teil des Nackens, der sich zuerst anspannt, ist sehr empfindlich. Unglücklicherweise desensibilisieren wir uns durch die Spannungsmuster, die sich im Laufe der Jahre aufbauen und wir verlieren oder beeinträchtigen diese besondere Empfindsamkeit. Wir sind dadurch zwar nicht gefühllos, aber häufig in einem Spannungszustand, den wir nicht bemerken – er befindet sich sozusagen unterhalb unseres Wahrnehmungsradars.

Wenn eine Gefahr wahrgenommen wird, strömt das Blut hauptsächlich in die Körperteile, die für Flucht oder Kampf zuständig sind. Das kann verwirrend sein, wenn wir eigentlich „nur" dabei sind, vor die Öffentlichkeit zu treten, eine Rede zu halten, etwas vorzuführen oder ein Bewerbungsgespräch zu führen. Oft genügt es, auf einer Party einen Raum mit vielen Fremden betreten zu müssen oder von jemandem drohend angeschaut zu werden. Der Ablauf erfolgt in so hohem Tempo und die Emotionen entstehen so viel schneller als wir denken können, dass die Verwirrung über die Anspannung in uns völlig verständlich ist. Es ist wichtig zu verstehen, dass an dieser Reaktion nichts falsch ist – es ist ein Schutzreflex, der da auf uns aufpasst.

Dieser Reflex und einige mehr rühren von den Aktivitäten eines Gehirnbereichs, genannt Mandelkern oder Mandelkernkomplex (Amygdala), der zu unserem Schutz in Aktion tritt. Die Mandelkerne sind ziemlich klein, mandelförmig und liegen tief in den mittleren Temporallappen unseres Gehirns. Sie haben bedeutenden Einfluss auf Erinnerungen und emotionale Reaktionen, außerdem bringen sie unsere Verteidigungsmechanismen in Gang – im Englischen die drei großen „F" – Flight, Fight und Freeze, also Flucht, Kampf und Erstarren. Und abhängig von den persönlichen Erfahrungen, die wir gemacht haben entscheidet sich, ob wir uns in einer Situation zurückziehen oder aktiv werden.

Für unsere Amygdala macht es keinen Unterschied, ob wir uns um eine Stelle bewerben, auf die Bühne gehen oder einem Säbelzahntiger begegnen, sie versteht lediglich, dass wir irgendeine Art von Gefahr registriert haben. Darauf reagiert sie mit neurochemischer Hochgeschwindigkeit, um uns aus der Patsche zu helfen. Unser emotionales Erinnerungssystem speichert das. So kann es leicht passieren, dass wir Gefühle missverstehen, die dadurch entstehen, dass uns wirkungsintensive Chemikalien aus einem System überfluten, das naturbedingt unsere Reaktionen steuert. Zu Beginn der Reaktion werden Kortison und Adrenalin ausgeschüttet, sie bereiten die Antwort auf die Situation vor. Bevor wir uns dessen bewusst sind, spüren wir die Wirkungen: das Herz schlägt schneller, wir werden ängstlich, nervös oder erregt, wir schwitzen oder zittern und in bestimmten Situationen verengt sich unser Gesichtsfeld zum Tunnelblick; dabei verringert sich das periphere Sehen und wir scheinen uns nur auf das zu konzentrieren, was wir als die Hauptbedrohung ansehen.

Die große Reaktion ist, dass wir kämpfen, rennen oder erstarren. Die subtileren Reaktionen drücken sich in der allgemeinen Körpersprache aus und in den kleinen Veränderungen der Mimik, im Straffen der Lippen, im Senken des Blicks, einer Neigung des Kopfes oder einem Schulterzucken – die Liste ist endlos. All das passiert nämlich oftmals auch, wenn nur ein falsches Wort gefallen ist, eine kritische Bemerkung, ein Blick – all das baut ein körperlich-seelisches Reaktionsmuster auf, das uns zu dem macht, was wir sind. Manche Leute wirken immer ein bisschen ängstlich, so als wären sie ständig auf der Hut. Solche Reaktionsmuster beeinflussen viele unserer alltäglichen Handlungsweisen, im Großen wie im Kleinen. Unsere unbewusste Körpersprache, unsere Angewohnheiten und unsere Kommunikation sind oft von diesem Reflex beeinflusst - was manchmal gut ist, manchmal aber auch weniger.

Was passiert, wenn ein Computer einen Virus hat? Der PC hat vermutlich ein Schutzsystem, und wenn dieses eine Bedrohung bemerkt, bekommen wir eine Warnung, wie wir den Virus vermeiden können oder etwas Ähnliches. Das System wird für uns die Gefahr herausfinden und entsprechende Maßnahmen vorschlagen, um den Computer zu sichern, und entweder wir folgen den Empfehlungen oder wir tragen die Konsequenzen. In ganz ähnlicher Weise tun wir automatisch, was unsere Amygdala uns sagt. Bei großer Gefahr oder kleineren Bedrohungen beschützt uns ein Reflex, und wir reagieren meist unbewusst, d.h. gewohnheitsmäßig. Das betrifft Verstand, Körper und Gefühl, und alle beeinflussen sich gegenseitig. So entsteht eine körperliche und seelische Antwort, mit der wir uns nach außen hin ausdrücken. So sind wir, und so sehen uns die anderen. Natürlich ist das nicht alles, aber es ist das zugrundeliegende Muster.

Von Kindheit an entwickeln und verstärken sich unsere Muster ein ganzes Leben lang und können bewirken, dass wir z.B. öfter ein bisschen angespannt sind oder aber zu schnell reagieren. Dann ist es hilfreich zu wissen, wie man den empfindsamen Nackenbereich lockern und entspannen oder sich der Verspannung bewusst werden kann. Wenn das Bewusstsein dafür fehlt, dann kann es passieren, dass wir die Sensibilität für uns selber verlieren.

Ganz klar, dieses Bild hätten wir gerne in Farbe gehabt, aber wie das Leben so geht…

Langsamer werden

Das folgende Thema kann auf viele Arten beschrieben werden. Wir möchten gerne ein Verständnis für die enge Verbindung von Ursache und Wirkung sowie die Einflüsse aus unserer Kindheit vermitteln. Auch im Erwachsenenalter, besonders in Situationen, in denen wir unter Druck geraten, greifen wir immer wieder auf automatisch ablaufende Reaktionsmuster aus unserer Kindheit zurück. Sie sind unser persönliches Sicherheitsnetz, unser ganz eigener Rückhalt und helfen uns beim Überleben. Manchmal überreagieren wir, weil unsere Reaktionsmuster über die Jahre schlicht etwas aus dem Ruder gelaufen sind - was uns nicht weiterführt, häufig gar behindert. Wenn wir uns aber in einem solchen Moment etwas Zeit nehmen, Zeit um das Tempo zu drosseln, können wir nicht nur sehen, was wir im Begriff sind zu tun, sondern wir eröffnen uns auch die Möglichkeit einen anderen Weg einzuschlagen. Wenn wir eine Wahl haben und nicht immer gewohnheitsmäßig reagieren möchten, ist es eine große Hilfe, unsere Reaktion zu verlangsamen, anzuhalten, sie pausieren zu lassen.

Unser Schiff mit Namen „Bereitschaft"

Manchmal gibt es Augenblicke am Tag, die sich leicht anfühlen, sorgenfrei, ohne Belastung oder Druck. Diese Momente können eine sehr sensorische Beschaffenheit haben. Eine andere Art von Moment ist, wenn wir uns von außen wie durch eine Kameralinse sehen, während wir uns durch den Raum (und natürlich auch die Zeit) bewegen. Dieser wache Zustand kann auf ganz natürliche Art entstehen, aber das passiert nicht oft, solche Momente sind selten. Meistens müssen wir etwas dafür tun, um „unser Schiff" auf den Weg zurück zu uns selbst zu bringen. Die Reise kann sich stürmisch und klippenreich gestalten, aber es ist nicht das Schiff (Du selbst), das für die Wellen verantwortlich ist, sondern der Ozean (das Leben). Wir werden weggerissen und herumgespült von den wechselnden Strömungen des Lebens, die Strömung kann uns überall hintreiben. Manchmal müssen wir einfach warten bis der Sturm sich gelegt hat und wir in ruhigeres Wasser kommen, damit wir wieder Kurs halten können. Oft allerdings können wir uns nur mit dem Strom treiben lassen.

Bereitschaft ist eine Form gelassener Wachheit, kein Zustand von Entspannung. Diese Art von Bereitschaft beinhaltet die Möglichkeit (innerlich) still zu sein auch wenn wir uns (äußerlich) bewegen. Es ist die „Bereitschaft", eine Aktivität in der Schwebe zu lassen, zu pausieren oder vollständig anzuhalten. Die Worte „in der Schwebe halten", „pausieren", „innehalten" oder „vollständig anhalten" sind austauschbar, meinen aber nicht, auf den Pausenknopf auf dem CD-Player zu drücken. Es ist eher im Sinne einer Verlangsamung zu verstehen, wie beim Tai Chi, mit dem Ziel, aufmerksam genug zu sein, um jederzeit anhalten zu können, wenn es nötig ist. Man kann natürlich auch auf Stopp drücken, aber das hieße, das Leben sozusagen abzuschalten, statt aufmerksam im Tun zu sein.

Zur Bereitschaft gehört auch, aus der Ruhe heraus in Bewegung zu kommen wie z.B. schnelle Wechsel, Beschleunigung, Tempo und Kraft. Und während Du den alltäglichen Dingen nachgehst, gleichzeitig (innen) bei Dir selbst zu bleiben. Das i-Tüpfelchen wäre dann, dass Du Dich selbst dabei auch noch von außen betrachten kannst. (Es ist eine Art von „Utopia" für Leute die meditieren, erwarte deshalb keine Wunder von Dir.) Manchmal aber nimmt man gerade eben noch wahr, was passiert, vielleicht nicht in dem Moment, sondern ein wenig später. Wenn Du aber dann aufmerksam genug bist, kannst Du Dich selbst während Deiner Reaktion sehen und mit etwas Übung sogar einen Augenblick vorher. Dann hast Du die Wahl, denn das ist der Punkt, an dem Du innehalten und Deiner Reaktion eine andere Richtung geben kannst.

Hier noch eine weitere Analogie: früher waren die Verkehrsampeln so geschaltet, dass, wenn man um die Ecke kam und die Ampel gelb zeigte, man nicht sicher sein konnte, ob als nächstes grün oder rot kommen würde. Man musste abwarten und bereit sein, ohne zu wissen, ob man als nächstes anhalten oder losfahren sollte – auf beides musste man gefasst sein.

Um etwas wirksam zu verändern, müssen wir in der Lage sein, das, was wir üblicherweise schnell tun, zu verlangsamen oder gar zu unterbrechen. Dadurch kann Raum für bewusste Wahrnehmung entstehen – unentbehrlich für einen Veränderungsprozess.

Beobachtungen im Alltag

Kopf zur Hand oder Hand zum Kopf?

Bringst Du den Kopf zum Telefon oder das Telefon zum Kopf? Oder ein bisschen von beidem? Und wenn, welche Tendenz ist stärker? Die gleiche Frage kann man sich in Bezug auf das Essen stellen: Bringst Du den Mund zum Essen oder das Essen zum Mund? Wenn es irgendeine körperliche Eigenart gibt, die Du mit den 7 Milliarden Menschen auf diesem Planeten teilst, so ist es diese: Dein Kopf kommt zum Essen.

Beobachte Dich und andere mal dabei. Nur ganz wenige Leute lassen ihren Kopf oben (ausbalanciert auf der Wirbelsäule) wenn sie essen. Selbst wenn der Körper aufrecht bleibt, kommt der Kopf nach vorne und unten zum Essen. Dieses Bewegungsmuster ist so weit verbreitet, dass es normal wirkt;

und es ist auch nicht besonders gefährlich. Wenn Du Dich allerdings entschließen solltest, mit diesem Muster zu experimentieren, dann wirst Du interessante Nebeneffekte entdecken.

Wenn Du am Schreibtisch sitzt und einen Anruf annimmst: kommt Dein Kopf aus der Balance? Wenn Du ein Handy benutzt: neigst Du den Kopf nach vorne oder zur Seite? Wenn nicht, hebst Du vielleicht den Arm höher als nötig? Und wenn Du nichts von alledem machst, nun dann bist Du entweder perfekt oder Du hast einen steifen Hals. Probiere es aus.

Es gibt allerdings Gelegenheiten, bei denen man den Kopf senken sollte, z.B. wenn man Nudeln mit Tomatensoße isst oder, unbedingt notwendig, wenn man Suppe löffelt. Ein anderes ‚Muss' sind romantische Momente, wenn Du Deine/n Partner/in küssen willst. Du kommst nicht weit, wenn Du ganz und gar aufrecht bleibst – und es würde definitiv die Stimmung verderben. Also vergiss das Ganze in romantischen Augenblicken.

Status und Körpersprache

Neben Tipps für schöne Stunden bieten wir Dir im Folgenden Hinweise zu Status, Körpersprache, Kommunikation und Selbstwertgefühl an. Vielleicht möchtest Du davon mal Gebrauch machen, wenn Du mit Leuten am Tisch sitzt, die überzeugt sind, einen höheren Status zu haben oder einer höheren sozialen Klasse anzugehören. Nimm in diesem Fall ganz natürlich und entspannt Deine volle Größe ein. Das erreichst Du, indem Du ausbalanciert auf Deinen Sitzknochen sitzt. Dann entspanne Dein Zwerchfell oder Deinen Bauch oder in den Hüftgelenken, oder in allen dreien, ohne dass dadurch Dein Oberkörper wieder kleiner wird. Dann iss, trink und unterhalte Dich. Unabhängig von Rang oder sozialer Klasse, werden die meisten Leute den Kopf nach vorne und unten zum Essen bringen. Es gibt Ausnahmen, aber wir sprechen vom Normalfall.

Wenn Du aufgerichtet sitzt, wird als Nebeneffekt Dein Status höher wirken. Eventuell machst Du Gesten, die auf einen niedrigeren Status hinweisen, z.B. zu schnelle Blicke, Dein Gesicht berühren, den Kopf zur Seite neigen oder Dich beim Sprechen zu schnell bewegen. Wenn Du Deinen hohen Status unangestrengt halten möchtest, mach langsame Blickwechsel und beweg Dich nicht zu schnell. Mach kein Tai Chi beim Essen, das sieht bloß komisch aus, sei normal mit dem was Du tust.

Und noch ein weiterer Punkt zu diesem Thema: Ein Großteil der Statuskommunikation kann verbal sein. Unabhängig davon also wie Deine Haltung sein mag, kann Dein Status sich in der Sprache und den feinen Nuancen der Mimik ausdrücken. Wie Du Deine Stimme benutzt, Deine unbewussten Gewohnheiten und Deine Gesten – all das ist ein weites Thema. Um das komplexe Zusammenspiel wirklich zu erfassen, muss man sich in aller Tiefe damit auseinander setzen. Unser Beispiel beschreibt Status lediglich im Hinblick auf eine Tischgesellschaft. Es ist natürlich kein abschließendes Wort in dieser Sache, sondern nur ein kleiner vergnüglicher Hinweis am Rande.

Wir empfehlen Dir, es nicht unbedingt mit Deinem/r Chef/in auszuprobieren, Du könntest ihrem oder seinem Sinn für Rangordnung in die Quere kommen. Der Chef hat natürlich den höheren Status, aber Du musst selbst in der Lage sein, das für Dich zu beurteilen. Das Spiel mit dem Status ist eine Kunst mit vielen Variablen und beinhaltet, sich den wechselnden Umständen gekonnt anzupassen. Im Moment verbinden wir einfach nur entspanntes, aufrechtes Sitzen mit Tätigkeiten wie Reden, Essen oder am Schreibtisch sitzen. Wenn Du entspannt und bequem aufrecht sitzt, wirst Du ein anderes Gefühl von Dir selbst haben. Probiere es aus, es ist interessant. Als Nebeneffekt wirst Du Dich in Deiner Beziehung zu anderen sicherer, weniger abhängig und zuversichtlicher fühlen.

Und nun zurück zur „Computer Arbeit".

Computer Comfort

Unsere potentiellen Flügel

Wenn Du aufstehst und Deine Arme seitlich ausstreckst, entspricht der Abstand zwischen den Fingerspitzen in etwa Deiner Körpergröße. Wenn Du möchtest, können wir warten, bis Du es ausprobiert hast. Schultergürtel und Arme sind wie Flügel, die Schulterblätter liegen auf der Außenseite des Brustkorbs, mit diesem in mehr als einer Hinsicht eng verbunden. Die Lage der Schulterblätter auf dem Brustkorb ermöglicht den Armen ihre außerordentliche Beweglichkeit. Im täglichen Leben wird diese erstaunliche Mobilität allerdings selten verlangt oder genutzt, meistens nur bei Dehnübungen. Trotzdem ist sie stets vorhanden.

Wir sind so gebaut, dass unsere Schultern uns helfen können, aufrecht und kraftvoll zu erscheinen und zu agieren. Wenn Dein Körper beim Lesen dieser Zeilen gerade ein bisschen nach vorne gesunken ist, werden sich Deine Schultern vermutlich nicht so gut anfühlen. In dem Moment aber, in dem Du beginnst die Blume zu öffnen, werden Deine „Flügel" zu wachsen beginnen. Flieg aber bitte nicht weg, wir haben noch eine Menge vor.

Oft fehlt dem ganzen Schultergürtel der angemessene Muskeltonus, d.h. das richtige Maß an Spannung, das für eine mühelose und kraftvolle Aufrichtung erforderlich ist. Sobald Deine Schultern nach unten ziehen, schließt sich die Blume. Nimm das nicht persönlich, das geschieht bei allen, jedoch macht es jeder auf seine ganz individuelle Weise.

Wenn die Schultern gerade nicht mit Herunterziehen beschäftigt sind, sind sie in der Nähe des Nackens möglicherweise verspannt. Verspannungen bauen sich über die Jahre hinweg auf. Auf Dauer vermittelt sich dann ein Gefühl von Normalität, ein „das ist richtig so". Glücklicherweise ist das aber nur *eine* Version von Dir. Wenn wir uns mit den Jahren verändern, stellen wir fest, dass es verschiedene und sich entwickelnde Versionen von uns selber gibt.

Ein Problem, das oft durch Computerarbeit ausgelöst oder dort besonders deutlich wird, sind feste Schultern mit einer verkürzten Armstruktur, angespannte Finger und/oder Daumen, ein zusammengesackter Oberkörper und ein runder oder zu angespannter Rücken oder beides gleichzeitig (vieles im Leben ist paradox). In jedem Fall werden frei fließende Armbewegungen erschwert.

Verletzungen aufgrund ständig wiederholter Bewegungen (repetitive strain injuries = RSI) können bei nahezu jeder Bewegung entstehen, die falsch oder zu oft ausgeführt wird. Im Computerzeitalter ist die Arbeit mit der Tastatur ein Hauptproblem; genauso das viele Sitzen. Wir nehmen an, dass Du das weißt, denn andernfalls würdest Du dieses Buch vermutlich nicht lesen.

„Verwirrte" Schultern
Das Paradox leichter und schwerer Schultern

Die Schultern sind ein schwieriges Thema, weil sie kinästhetisch so verwirrend sind. Hände und Unterarme können problemlos arbeiten, wenn die Schultern entspannt, aber auch wenn diese verspannt sind. Man kann tatsächlich in Nacken und Schulter angespannt sein und trotzdem beweglich in Unterarm, Handgelenken und Händen; wir haben eine erstaunliche Fähigkeit für die verschiedensten Bewegungsformen. Und da sich das alles unterhalb unseres sensorischen Radars abspielt, kann es leicht so wirken, als wäre alles in Ordnung.

Manche Leute halten völlig entspannte Schultern für erstrebenswert. Um Verspannungen zu lösen ist es auf jeden Fall hilfreich die Schultern zu entspannen. Wenn Du bemerkst, dass sie verspannt sind, lass die Spannung los und schon fühlst Du Dich besser. Die meisten Menschen sind in den Schultern etwas angespannt, und die Grundidee ist, dass Du diese Verspannung loslassen möchtest.

> **VIP:** Wenn die Schultern fest und verspannt sind, werden die Arme es auch sein. Wie Du bereits weißt, können sie dennoch einigermaßen funktionieren, weshalb Du die Verspannungen möglicherweise nicht bemerkst.

Wenn allerdings entspannte Schultern bedeutet, dass die Schultern schwer sind, dann wird auch der Oberkörper schwer werden. Wenn Du diesem Impuls immer weiter nach unten folgst, kannst Du spüren, wie Dein Nacken sich zusammen zieht und Dein Gesicht als Folge davon nach oben kommt –

oder wie Dein ganzer Kopf dem Zug nach unten folgt und alles in sich zusammensackt.

Bewegungen mit dem Unterarm sind meistens kein großes Thema, es sind die Oberarme, die klammheimlich die Ursache für viele Probleme sind. Lass uns mal annehmen, dass Du einigermaßen entspannte Schultern hast, und sich Deine Unterarme leicht bewegen, alles ist gut. Die Oberarme sind allerdings bei den meisten Menschen zu schwer. Diese Tendenz ist oft verbunden mit einer Verlagerung der Schultern, die dazu neigen nach vorne und unten zu fallen. Denn wenn die Schultern nach unten fallen und die Oberarme schwer sind, dann arbeitet Deine Rückenmuskulatur evtl. nicht richtig, es fehlt ihr an Muskeltonus. Wenn die Oberarme zu schwer sind, gibt es immer einen Interessenkonflikt um das ergonomische Wohlergehen Deiner Arme. Wir nehmen das normalerweise nur nicht wahr, und anfangs fällt es nicht so leicht es zu bemerken. Wenn Du jedoch weißt, worauf Du achten musst, wirst Du es immer leichter wahrnehmen können.

Was wir brauchen, um auf eine andere, ergonomischere, sensiblere Ebene zu kommen, ist ein Gefühl für Leichtigkeit, für Aktivität in diesem ganzen Bereich - den Bereich Nr. 1 zu spüren und wahrzunehmen. Wenn Du dort verspannt bist, macht es Sinn zu entspannen. Wenn das erreicht ist, kommt das nächste große Ziel ins Visier. Und das heißt: Bewegungen zu entwickeln, die feiner aufeinander abgestimmt sind. Dann beginnt man, Bewegungsmuster zu verändern und neu auszurichten.

> **Leichte Bewegung mit „Flügel-Armen":**
>
> Kratz Dich jetzt mal am Kopf oder berühre Dein Gesicht, greife nach etwas in Deiner Umgebung und bring die Hand dann zurück zum Buch. Jetzt mach das Ganze nochmal, aber schau auf die Hand, die Du bewegst. Behalte sie im Blick während Du sie drehst und so hochhebst, dass Augen und Gesicht der Hand folgen müssen. Nun kehre mit der gleichen sanften Bewegung zum Buch zurück. Das ist genau die Art, wie Du den Arm immer bewegen solltest und Du hast es alleine ganz richtig gemacht – wahrscheinlich sogar ohne große Mühe.

Der Schlüssel zu einer verbesserten Schulterstruktur und verbesserter Armbewegung ist, die Armbewegung von den Fingern her zu beginnen und nach und nach Unterarm und Ellenbogen folgen zu lassen, und die Schultern erst dann mit einzubeziehen, wenn der Ellenbogen Schulterhöhe erreicht hat. Dies gilt sowohl für Bewegung zur Seite, wie nach vorn und führt zu einer harmonisch fließenden Bewegung, frei von übertriebener Spannung. Erinnere Dich an das Kapitel „Wahrnehmung von innen heraus". Dort haben wir auf Seite 14 die leichten Arme beschrieben. Wenn Du möchtest, kannst Du die Übung noch einmal wiederholen. Nun kommt ein weiterer Tipp dazu: übe, mit Fingern und Ellbogen gleichzeitig zu führen. Wir finden, dass dies eine der besten Formen ist, die gesamte Armstruktur zu trainieren - und es wird Deine Schultern immens erleichtern.

Wenn Du das Ganze weiter vertiefen möchtest, lies die Luftballon-Übungen ab Seite 115 und probiere sie aus. Sie sollten alle Probleme erfassen, die anfallen könnten. Bringe sie auch Deinen Kindern bei und übe es öfter mal mit ihnen, wenn sie Lust dazu haben; es unterstützt ihre Fähigkeit sich besser zu bewegen. Die Übungen sind hervorragend, um die kinästhetischen Fähigkeiten zu schulen, damit sich die Koordination des ganzen Körpers verbessert. Und damit nicht genug, machen sie auch noch Spaß.

VIP: Erinnere Dich öfter mal daran: wenn Deine Arme leicht, beweglich und lebendig sind, ohne überflüssige Spannung, dann entsteht ein Muskeltonus in Deinen Schultern, der es ihnen ermöglicht leicht, offen und entspannt zu sein.

Im Folgenden ein weiterer Exkurs zum Thema Schultern.

Computer Comfort

Der seltsame und fast unlösbare Fall der geheimnisvollen Schulter mit vielfältigem Eigenleben und zahlreichen Varianten, einer Schulter, die einfach nicht aufhören will, sich unmerklich hochzuziehen.

Für alle, die nicht von unserem Sherlock Holmes Titel beeindruckt sind -
Verspannte Schultern

Manchmal merkt man es selbst, manchmal nicht. Hast Du irgendwann einmal das Gefühl gehabt, dass eine Schulter etwas mehr hochgezogen ist als die andere?

Beobachte mal während Du weiterliest Deine Schultern und spüre, ob Du sie etwas loslassen kannst. Wahrscheinlich musst Du das sehr langsam machen, um den Unterschied zu spüren. Wenn Du es schnell tust, werden sie eher in sich zusammenfallen. Nachdem Du Deine Schultern nun entspannt hast, tu mir den Gefallen und zieh sie wieder hoch. Entspanne und verspanne Deine Schultern ein paarmal, um Dir das Muster klar zu machen, dann ist es leichter zu erkennen.

Was manch ein investigativer Leser bemerkt haben wird, ist, dass eine Schulter sich leichter entspannen lässt als die andere (es ist nicht unbedingt gesagt, dass es die dominante Seite sein muss). Wenn Du Dir für den Entspannungsprozess genügend Zeit nimmst, wirst Du feststellen, dass eine Schulter länger braucht als die andere um sich komplett zu lösen oder einen ähnlichen Muskeltonus zu erreichen. Das Ganze ist eine Frage des Fühlens und Beobachtens, die Dir ermöglicht während des Tages immer wieder solche Momente wahrnehmen. Häufige Wiederholungen schärfen den Blick und lassen die Beobachtung vollständiger werden. Erinnere Dich immer mal wieder an unsere Sherlock Holmes Frage, jetzt zum Beispiel: kannst Du Deine Schultern jetzt entspannen?

Wie Du weißt, verwenden wir das Bild der sich öffnenden Blume stellvertretend für den Hals-Nacken-Schulter Bereich, der sich öffnen kann. Aber viel häufiger besteht ein Muster des „Sich Schließens". Die Blume legt sich für eine Weile schlafen.

Aus einem Zustand erhöhter Spannung heraus kann eine Blume sich nur schwer öffnen. Wenn möglich, lass zuerst alle übermäßige Spannung in den Schultern los, das erleichtert das Öffnen. Ein bisschen Körperwahrnehmung reicht schon, um den Schulterbereich leichter zu machen und die Blume zum Öffnen zu ermutigen. Dem folgt oft ein Heben des Kopfes, und wenn Du Glück hast, ein Längen und Weiten des ganzen Körpers. Hierbei ist es hilfreich, sanft bis unter die Arme zu atmen. Dadurch wirst Du ein anderes Gefühl für Dich selbst bekommen.

Es ist hilfreich, sich die öffnende Blume nicht als ein starres Bild vorzustellen sondern eher wie ein Video in Zeitlupe. Stell Dir vor, Dein Leben sei ein Film und Du der Hauptdarsteller Deiner eigenen Geschichte. Irgendwann wandert die Kamera langsam und behutsam in die Nähe der Schulter-Hals-Kopf-Region. Dieser Bereich füllt den ganzen Bildschirm aus, nicht als Totale sondern als Nahaufnahme. Du siehst selber was passiert und kannst es leicht verändern, hin zu mehr Offenheit und Bewusstheit. Der Moment wird schnell vorrübergehen, schneller als er gekommen ist. Und dass die Aufmerksamkeit schwindet ist kaum zu bemerken, bis Du wieder daran denkst im Bereich der Blume zu sein.

Wenn Du unsere Idee jetzt gerade ausprobiert hast – wie war das? Wenn Du zusätzlich für einen Moment noch so tun könntest, als seist Du der Regisseur des Films, der Dein Leben darstellt und in dem Du den Augenblick des Sich Öffnens gerade in Zeitlupe betrachtest – wer weiß, vielleicht bekommst Du dann den Preis für den besten Film des Jahres?

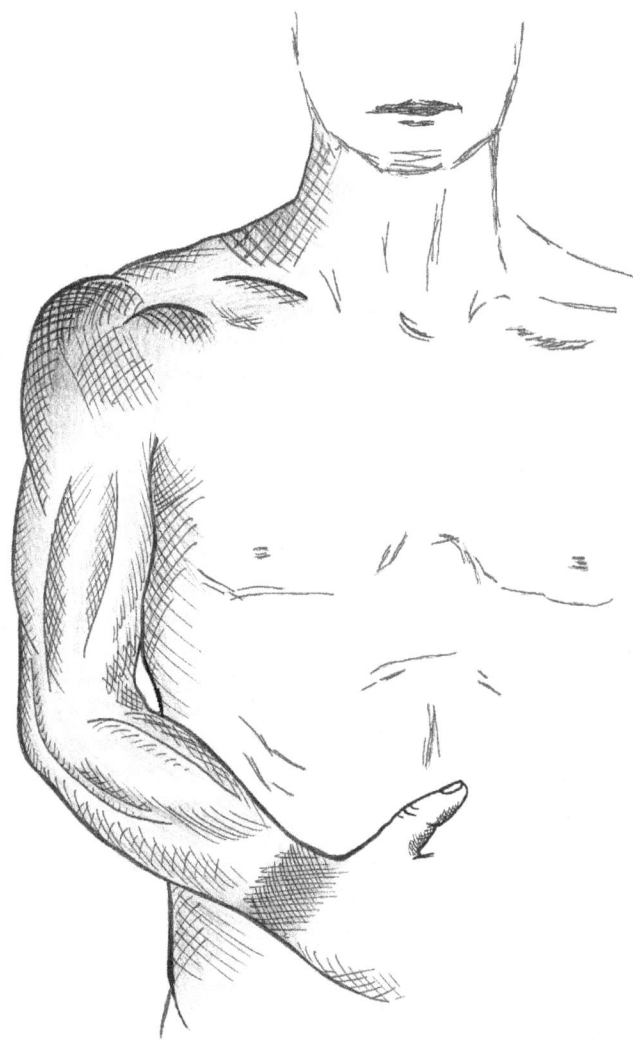

Verspannungen wie das Twissel-Muster befinden sich oft unterhalb unseres eingebauten sensorischen Radars.

Das „Twissel"-Muster

(TWSL – Thumb-Wrist-Shoulder-Lips)

Wenn wir über Schultern und Arme reden, gibt es ein maßgebliches Muster zu bedenken, das wir schon früher erwähnt haben: die Verbindung Daumen-Handgelenk-Schulter (TWSL).

Wenn Du eine feste Faust machst, kannst Du bemerken, dass auch Daumen und Handgelenk fest werden. Dieses Spannungsmuster reicht bis zur Schulter. Ein fester Daumen bedeutet ein festes Handgelenk und normalerweise auch feste Schultern - in 99% der Fälle ist das so. Für viele Leute geht dieses Muster bis hin zu Kiefer, Zunge und Lippen. Das ist dann alles ein bisschen verspannt. Konntest Du das auch fühlen?

Wenn Du das Gegenteil machst, also die Finger stark spreizt, wird der Daumen auch wieder fest.

Wichtig zu wissen ist: nur weil Du Daumen und Handgelenk bewegen kannst, heißt das nicht, dass das Handgelenk locker und frei ist, es bedeutet nur, dass das Handgelenk unter Spannung bewegt wird.

Um das Muster zu erkennen, versuche es nicht zu kontrollieren, stattdessen spüre es, nimm es wahr.

VIP: Wenn Du den Daumen weich werden lassen kannst, baust Du eine Menge unnötiger Verspannungen ab: die Arme werden lockerer und die Schultern können sich entspannen. Das ist kein unbedeutender Punkt und hilft bei vielen Gelegenheiten im Leben.

Am oberen Ende des „Twissel" - Musters

Die kleinen Muskeln am Übergang vom Nacken zum Kopf haben die Aufgabe, den Kopf behutsam auf der Wirbelsäule zu balancieren. Diese Arbeit wird allerdings oft von den größeren Muskeln übernommen, die eigentlich für Bewegung zuständig sind und anstelle von Leichtigkeit und Balance entsteht so Verspannung und Steifheit in diesem Bereich.

> **VIP:** Wenn Du Deinem Nacken immer mal wieder ein kleines bisschen Aufmerksamkeit schenken kannst, verliert er etwas von seiner Anspannung und Du wirst feinfühliger für seine Bedürfnisse.
> Wenn der Nacken weich ist, können auch die Schultern weich werden - die Blume öffnet sich und blüht auf.

Aus diesem Grund ist es sinnvoll und hilfreich, tiefer in das Thema Aufmerksamkeit einzusteigen, denn kaum etwas kann sich positiv verändern ohne dass man bewusst damit umgeht.

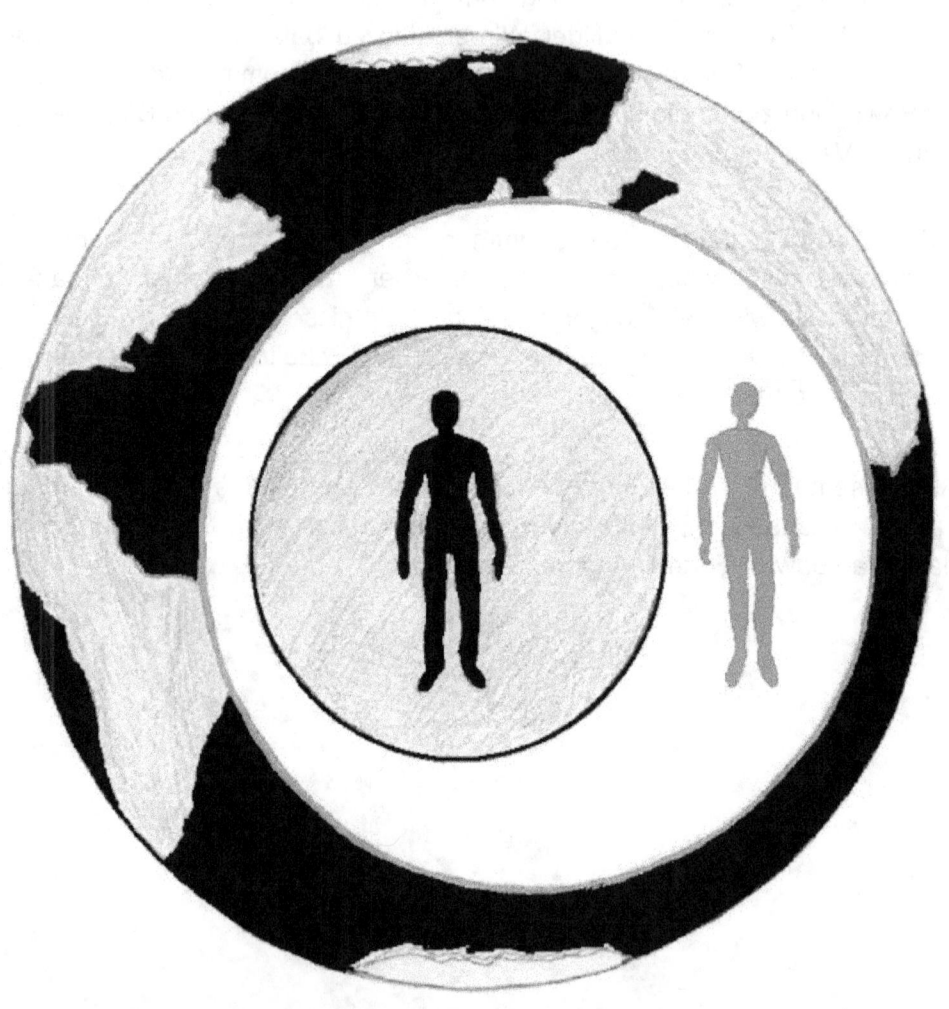

Aufmerksamkeit arbeitet auf molekularer Basis, ist sprunghaft und flüchtig wie Düfte oder Gase.

Die drei Kreise der Aufmerksamkeit

Es gibt drei Kreise der Aufmerksamkeit:

> Schließe Deine Augen und spüre Dich selbst, Deinen Körper, Deine Atmung, wie Du sitzt... Nun befindest Du Dich im ersten Kreis, bei Dir selbst.
> Öffne Deine Augen, nimm Deine unmittelbare Umgebung wahr - den Computer, die Tastatur, den Schreibtisch, wer oder was immer in Deiner Nähe ist. Das ist der zweite Kreis. Für diesen zweiten Kreis ist es hilfreich, das periphere Sehen zu fördern.
> Danach kommt der dritte Kreis der Aufmerksamkeit, er umfasst alles und jedes im Raum, im ganzen Gebäude und in der Stadt.

Wellen der Aufmerksamkeit

Spiele mit dem Grad Deiner Aufmerksamkeit in diesen drei Kreisen. Manchmal wirst Du Dich mehr in dem einen oder dem anderen befinden. Versuche, für jeden einzelnen Kreis etwa 30% aufzubringen, das wäre großartig. Die restlichen 10% sind extra – für den Bereich, der im Augenblick besondere Aufmerksamkeit erfordert. Du kannst davon ausgehen, dass Du oft stärker in einen einzelnen Kreis hereingeraten wirst. Es ist ein sehr erstrebenswertes, lohnendes Ziel es immer wieder auszugleichen.

An die Vorstellung vom einem „Ziel" kann man auch anders, neu herangehen. Meistens neigen wir dazu, uns auf die Mitte eines Ziels zu konzentrieren. Aber wenn wir mit den Augen etwas fixieren, verspannt sich auch unser Körper immer mehr. Reiter kennen das; wenn sie den Blick starr werden lassen, verspannt sich auch ihr Pferd. Ein empfindsamer Reiter fühlt wenn das passiert, weil ein schneller Wechsel im Muskeltonus des Pferdes stattfindet, ausgelöst durch den angespannten Blick des Reiters. Manche unserer vierbeinigen Freunde verlieren ihre ihnen eigene Sensibilität, nicht durch eigene Schuld, sondern weil so viele verschiedene Menschen auf ihnen reiten. Das Fokussieren der Augen erzeugt im Körper des Reiters Spannungen, die so empfindsame Wesen wie Pferde beeinträchtigen können. Deshalb ist es sinnvoll, den Augenbereich zu entspannen - auch wenn man nicht reitet.

> Fixiere mit deinen Augen einen Punkt im Raum, starre ihn richtiggehend an. Nun versuche wahrzunehmen, ob das Starren eine Auswirkung hat auf den Nacken oder sogar noch auf andere Bereiche Deines Körpers.
> Anschließend entspanne Deine Augen und den ganzen Bereich um sie herum.

Um die Augen herum zu entspannen, verhilft zu besserem peripheren Sehen, und wenn Du dann noch an die wechselnden Bewusstseinskreise denkst, wird es Dir richtig gut gehen. Dann kannst Du Deinen Fernseher verschenken, denn das Leben selbst wird so viel facettenreicher, dass Du ihn gar nicht mehr brauchst.

> Stell Dir für einen Augenblick vor, Du wärest ein Schauspieler auf der Bühne (sei so berühmt wie Du magst), spüre Dich selbst klar und deutlich. Das wäre der erste Kreis der Aufmerksamkeit. Nimm danach die anderen Mitspieler hinzu, das wäre der zweite Kreis. Und schließlich, ohne etwas von der Deutlichkeit und Intensität der beiden ersten Kreise zu verlieren, beziehe auch das Publikum mit ein. Das ist der dritte Kreis der Aufmerksamkeit. Man kann es auch als Aufmerksamkeit im Handeln bezeichnen, und diese Art des Handelns ist immer situationsbezogen.

Noch ein Punkt, bevor wir die Kreise der Aufmerksamkeit verlassen. Es gibt verschiedene Arten, Aufmerksamkeit als Mittel zur eigenen Veränderung anzusehen. Die Vorstellungen, die wir gerade erwähnt haben, sind in vielen Lebenslagen von Nutzen.

Manche andere Situationen mögen eine umfassendere Bewusstheit verlangen, bei der die Stärke der Aufmerksamkeit mehr auf den ersten Kreis, auf Dich selbst konzentriert ist. Das entspricht der Vorstellung, dass Kraft vom Zentrum nach außen geht; von Zellen zu Städten zu Galaxien und dem Menschen mittendrin. Die Wahrnehmung wäre dann so geteilt, dass, sagen wir, zwei Drittel bei Dir und ein Drittel bei der Welt draußen lägen.

Tiefer gehende Formen der Arbeit mit Aufmerksamkeit würden beinhalten, dass wir ein fokussiertes Bestreben haben uns selbst zu spüren und gleichzeitig die eigenen Gedanken beobachten können - um dadurch präsenter zu sein. Das trifft nicht unbedingt das Thema von mehr Komfort beim Umgang mit dem Computer, aber wir erwähnen es als Anregung zum Nachdenken.

Die Bewegung des Meeres: Aufmerksamkeit ist wie eine Welle von Energie, sie kommt und geht. Sie ist wie das Meer, eine Welle kommt herein, die Unterströmung geht heraus. Oder denk an einen Dimm-Schalter: Wir können das Licht unserer Aufmerksamkeit heller oder dunkler scheinen lassen. Und es schaltet sich oft von selbst ab, außer in Momenten von Gefahr, wenn wir erstarren, uns zurückziehen oder aktiv werden.

Perfekte Bewegung

Statt des Ausdrucks ‚perfekte Bewegung' könnten wir auch die Worte ‚Da sein' verwenden. Im Englischen ist ‚Being there' der Titel eines Films mit Peter Sellers, den er selbst als die Vollendung seiner Karriere bezeichnet hat. Darin geht es um einen Mann, der nur in der Gegenwart leben konnte, und nicht an Vergangenheit oder Zukunft dachte.

Stellen wir uns vor, Du sitzt optimal an Deinem Schreibtisch: lebendig, dynamisch, gesammelt und beweglich. Du fühlst Dich gut. Dein Rücken ist lang, Du sitzt genau über Deinen Sitzknochen, Du bist in der idealen Position um aktiv zu sein, ein Fuß unter dem Körper, der andere weiter vorn, austauschbar wenn gewünscht. Der Abstand zwischen Augen und Bildschirm stimmt, Du sinkst nicht in Dich zusammen und Du brauchst keine zusätzliche Spannung, um Deine Körperlänge beizubehalten. Dein Kopf balanciert frei auf Deiner Wirbelsäule, Du kannst bequem in der Umgebung herumschauen. Du fühlst Dich wach und fit. Du atmest bis unter die Arme und wenn die Luft in den Körper strömt, dehnt sich Deine Lunge in alle Richtungen aus. Deine Arme sind leicht und beweglich, nicht zu schwer, und es ist einfach, alle möglichen Dinge anzuheben oder zu berühren. Aber interessanter: jemand anders könnte Deine Hand nehmen und sie durch die Luft führen, wobei der Arm ganz leicht folgte. Wenn das so wäre – toll!

Gelegentliche Erholungspausen für die Augen wären schön, um diesen Zustand lebendiger Aktivität aufrechtzuerhalten; das braucht Übung und ein bisschen Aufmerksamkeit. Es ist nicht allzu schwierig, aber auch nicht ganz einfach. Es ist eine Fähigkeit, die man trainieren kann, die wir aber oft in jungen Jahren aufgeben. Und um wieder mit dem Training zu beginnen, ist es nur wichtig, ein Stück Selbstwahrnehmung ins tägliche Leben zurückzuholen. Damit erweist Du Deinem eigenen Körper mehr Respekt. Es ist nicht dasselbe wie der Blick in den Spiegel bevor man ausgeht. Es ist ein innerer Respekt, ein Gefühl für Dich selbst. Im Augenblick zu leben, bedeutet eine ruhige Selbstwahrnehmung für jemanden, der präsent ist.

Teil 2

SAM

Spezielle Aufmerksamkeits-Momente

(Special Awareness Moments)

Bist Du auch schon mal gefragt worden, ob Du eine kurze oder eine lange Antwort auf eine Frage haben möchtest? In diesem Abschnitt wird es einige Vorschläge, Empfehlungen oder gelegentlich auch Fragen geben, die eine längere Erklärung beinhalten, denn, etwas sehr Komplexes zu verändern kann schwierig sein, wenn man nur ein Buch zur Verfügung hat.

Arme und Oberkörper

1) Öffne Deine Blume

Im alltäglichen Leben lassen wir uns oft vom Kopf, dem Hals und den Schultern nach unten ziehen.
Stell Dir vor, dass dieser ganze Bereich eine Blume ist, eine Blume, die geschlossen oder aufgeblüht sein kann – je nachdem, wie die Umstände sind.
Probiere einmal aus, wie es ist, wenn Deine Blume in diesem Moment aufblüht, sich öffnet. Mit diesem Aufblühen kann sich auch Deine Aufmerksamkeit erweitern, und Du hast dann mehr Energie in Dir.
Lass diesen Bereich sich sanft öffnen und behalte ihn eine Weile so offen. Spüre, ob die Blume nach einiger Zeit vielleicht etwas fest wird und wenn ja, dann lass sie wieder weicher werden, während sie gleichzeitig geöffnet bleiben kann.
Neben dem Vorschlag, "mach immer mal wieder eine Pause", ist das wahrscheinlich die beste Empfehlung, die Du je bekommen wirst. Denn sind wir nicht jedes Mal enttäuscht, wenn die Blumen, die wir gekauft haben, nicht aufblühen?
Das Öffnen der Blume geschieht, wenn Du diesem Bereich ein bisschen Aufmerksamkeit schenkst. Und wie immer, wenn etwas oder jemand ein wenig Aufmerksamkeit bekommt, tut das gut und es geht einem besser.

2) Kannst Du Deine Schultern etwas entspannen?

Wenn Deine Schultern etwas entspannter sind, kann sich Dein Oberkörper in alle Richtungen öffnen. Oft sind wir so mit anderen Dingen beschäftigt, dass wir gar nicht merken, wie verspannt wir sind, bis wir uns diese Frage stellen: „Kann ich meine Schultern ein wenig entspannen?" Allein diese Frage kann bewirken, dass Deine Schultern sich lösen; und schon dafür lohnt es sich doch, sich ab und zu daran zu erinnern.

- Wenn Deine Schultern gelöst sind, kann Dein Kopf mit mehr Leichtigkeit auf der Wirbelsäule balancieren. Mit angespannten Schultern geht das nicht, aber mit lockeren Schultern kommst Du mehr bei Dir selbst an.
- In der Kommunikation ermöglichen entspannte Schultern Dir, Deinen Status gegenüber anderen leichter anzugleichen und ihn flexibler zu gestalten.
- Mit weniger Spannung in den Schultern arbeiten auch die Arme leichter und entspannter und es besteht weniger die Gefahr von RSI-Problemen.
- Wenn die Schultern fest sind, ist es auch der Nacken (aber es kann sein, dass Du das in dem Moment nicht spürst, weil Deine Aufmerksamkeit gerade woanders ist). Wenn Schultern und Nacken sich verspannen, sind auch Deine Armmuskeln verkürzt, weniger beweglich und letztlich befindest Du Dich dadurch in einer Art Kampf- oder Fluchtreflex. Mit anderen Worten, du bist dann ständig in Alarmbereitschaft, und dann wird, milde ausgedrückt, Entspannung schwierig.

Und so kommen wir wieder zurück zu der Anfangsfrage: Kannst Du Deine Schultern etwas entspannen?

Angespannte Schultern

Entspannte Schultern

3) Denk an weiche Daumen

Wenn Deine Daumen weich sind, wird auch das Handgelenk weich, was wiederum für lockere Schultern sorgt. Das Ganze ist im Wesentlichen eine Dreierparty: Feste Daumen, festes Handgelenk, feste Schulter, die drei sind nicht gerne alleine unterwegs.

Oder betrachte es so: Wenn Menschen am Computer arbeiten, ist der Schulterbereich bei vielen Menschen verspannt und nimmt, wie wir eben gesehen haben, gerne den Nacken mit dazu; denn die beiden sind wirklich unzertrennlich. Dann kommt noch eine kaum wahrgenommene Anspannung in den Daumen dazu, und wenn der Daumen verspannt ist, schließt sich das Handgelenk an und sofort kommt die Schulter wieder mit dazu. Gelegentlich suchen die drei sogar noch mehr Gesellschaft und holen Kiefer, Lippen und Zunge mit ins Boot, denn die sind ja auch nicht weit weg, wie Du Dich vielleicht aus dem Kapitel über das „Twissel Muster" erinnerst.

Sobald Du den Daumen locker lässt, löst sich das Handgelenk und normalerweise auch die Schultern.

Wenn Du dieses spezielle Entspannungsmuster in Deinen Alltag integrierst, verändert das etwas in Dir. Dieses Muster ist etwas Besonderes und es lohnt sich es wahrzunehmen, denn es macht das Leben entspannter.

> **VIP:** Wenn Du Daumen und Handgelenk bewegen kannst, heißt das noch nicht, dass die beiden wirklich entspannt sind, denn auch im angespannten Zustand kann man sie bewegen. Das ist dann aber nicht dasselbe, wie eine anmutige, fließende Bewegung, bei der die Finger mit einem weichen Handgelenk die Bewegung anführen.
>
> Für eine ausgewogene und entspannte Bewegung stell Dir Tai Chi-Hände -und Arme vor, nicht wegen der Langsamkeit, sondern als Bild für fließende Bewegung.

Überaktive Daumen:

4) Hab entspannte, mittige Handgelenke

Gebeugte oder angewinkelte Handgelenke verursachen in der Regel Probleme in Hand und Unterarm. (Wie Du jetzt weißt, ist der Daumen oft der unbemerkte Spannungsauslöser.) Wenn das Handgelenk beim Tippen oder beim Arbeiten mit der Maus mittig ist, werden Daumen, Hand, Arme und Schultern etwas entspannter sein.

Gebeugt:

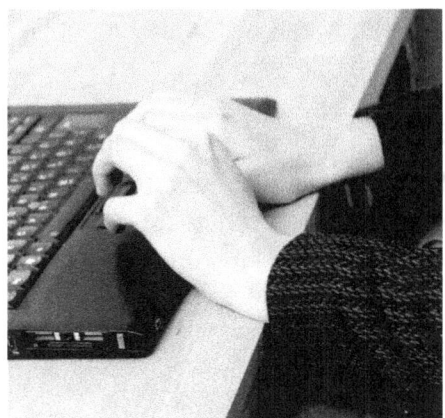

Mittig:

Als kleiner Tipp jenseits der Computerarbeit: Was macht Du mit Deinem Handgelenk, wenn Du anderen Leuten die Hand schüttelst? Manche Menschen schwächen ihre Position, indem sie ihr Handgelenk beugen. Das Beugen nach innen macht das Handgelenk schwächer, das Beugen nach außen verspannter. Mit einem mittigen Handgelenk fühlt man sich stärker, besonders wenn man den deutlichsten Kontakt mit den unteren beiden Fingern, dem kleinem und dem Ringfinger hat, während der Daumen ganz entspannt bleibt. (Lass Deinen Händedruck aber nicht zu schlapp werden - niemand mag den toten Fisch in der Hand.)

Probiere das ein paar Mal mit Freunden aus, dann merkst Du den Unterschied und kannst einen besseren Kontakt zu Menschen finden.

5) Lass Lippen, Kiefer und Nacken weich werden

Wenn Menschen älter werden, kann man häufig beobachten, dass ihre Lippen ein bisschen schmaler und strenger werden - wir schließen im Alltag oft unsere Lippen, und sei es auch nur ein wenig.

Der Nebeneffekt dieses Spannungsmusters ist ein verspannter Nacken. Das ist vielleicht nur ein Detail, aber ein sehr wichtiges, wenn es darum geht, versteckte Spannungsmuster wahrzunehmen. Letztlich ist es mit festen Lippen schwieriger, sich wirklich tief zu entspannen.

Wenn die Lippen weich sind, kommen Kiefer und Nacken automatisch mit dazu und helfen Dir dabei, generell lockerer zu sein.

Nimm dann noch die Idee dazu, dass die Zunge im Mund sich entspannen kann, das hilft dem Kiefer, sich zu lösen, da die beiden sich sehr nah stehen.

Viele Menschen spannen die Zunge im Mund an - entweder nach hinten, nach vorne oder gegen den Gaumen gedrückt – und das hat Auswirkungen auf unsere Gesichtsmuskeln. Du bist entspannter und siehst außerdem freundlicher aus, wenn Deine Lippen, Dein Kiefer und Deine Zunge locker sind.

Entspannte Lippen, entspannter Kiefer

6) "Küssende Schulterblätter"

Zieh Deine Schulterblätter im Rücken nicht zu stark zusammen (als ob sich Deine Schulterblätter „küssen" wollten), denn dann verspannen sich Brustkorb, Schultern und Nacken ebenfalls, und dieses Spannungsmuster ist nicht wirklich gut für Dich.

Probiere es aus und spüre, wie es sich für Dich anfühlt, wenn die Schulterblätter sich „küssen". Lern das Muster kennen, mach es Dir bewusst: Wechsle ein paar Mal hin und her und fühle, was noch damit verbunden ist, welche anderen Teilmuster gehören dazu? Kommt Dein Gesicht zum Bildschirm? Geht Dein Brustkorb nach oben? Gehst Du ins Hohlkreuz? Was machen Deine Füße: sind sie vorne, flach auf dem Boden, nebeneinander, locker, angespannt, unter den Körper gezogen – oder sind sie versetzt, ein Fuß etwas weiter hinten, einer weiter vorne? (Das letztere wäre unsere Empfehlung, wenn Du aktiv sitzen möchtest. Mehr darüber findest Du auf S. 87.) Was passiert alles bei Dir, wenn Deine Schulterblätter sich küssen?

Wenn Du Dein persönliches Reaktionsmuster herausgefunden hast, kannst Du es immer wieder erkennen und falls gewünscht auch wieder lösen.

7) Schräge Arme

Wenn bei der Arbeit am PC der Winkel Deiner Ellenbogen größer ist als 90°, dann benutzt Du Deine gesamte Armstruktur ergonomisch besser. Parallel zum Tisch ist okay, ein bisschen schräg nach unten aber noch besser. Deine Finger werden weniger belastet und die Handgelenke werden nicht so fest. Dadurch werden auch die Schultern nicht überbeansprucht und es entstehen weniger RSI-Probleme.

Schräge Arme mit paralleler Sitzposition

Schräge Arme und digonal sitzend

8) Sei sanft zu Deiner Maus

Warum? – Naja, es macht die Maus glücklicher.

Stell Dir vor, es wäre eine echte Maus. Eine schwere Hand würden sie umbringen oder ihr zumindest ein paar Atemprobleme bereiten und sie ernsthaft in ihrem Dasein beeinträchtigen.

Spüre, was passiert, wenn der Arm erst schwer ist und Du ihn dann, mit den Fingern zuerst, leicht werden lässt. Probiere das ein paar Mal aus. Versuche heraus zu finden, was in den Schultern und im ganzen Arm vor sich geht.

Wenn wir mit festen Objekten arbeiten, tendieren wir dazu, uns etwas zu schwer auf ihnen auszuruhen, oder wir verwenden zu viel Kraft. Lass es leichter angehen, das Leben wird schöner, und die Dinge kommen in Fluss.

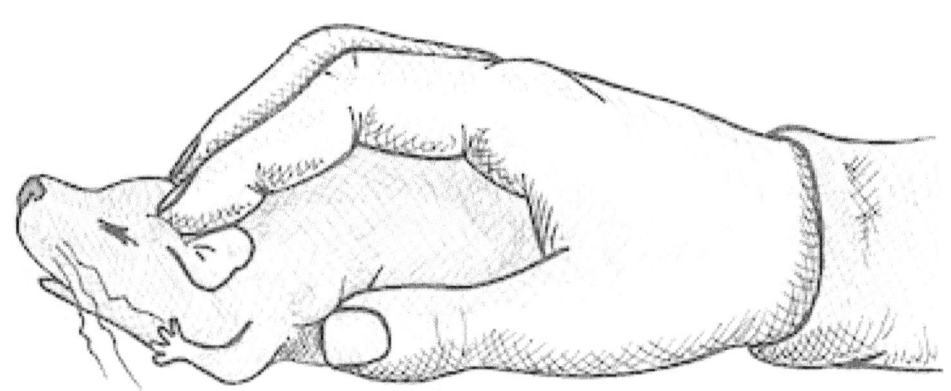

9) Denk an „Schmetterlingsfinger"

Berühre die Tastatur so leicht wie nur möglich. Du hast dann weniger Spannung in den Handgelenken und das Risiko von Problemen mit den Unterarmen wird kleiner; und weniger Druck verringert die Wahrscheinlichkeit von Überanstrengung oder Fehlgebrauch in den Armen. Je mehr Deine Finger bei ihrer Arbeit die Schultern in Ruhe lassen können, desto besser für Dich. Schmetterlingsfinger erzeugen einen verbesserten Muskeltonus im gesamten Schulter/Armbereich.

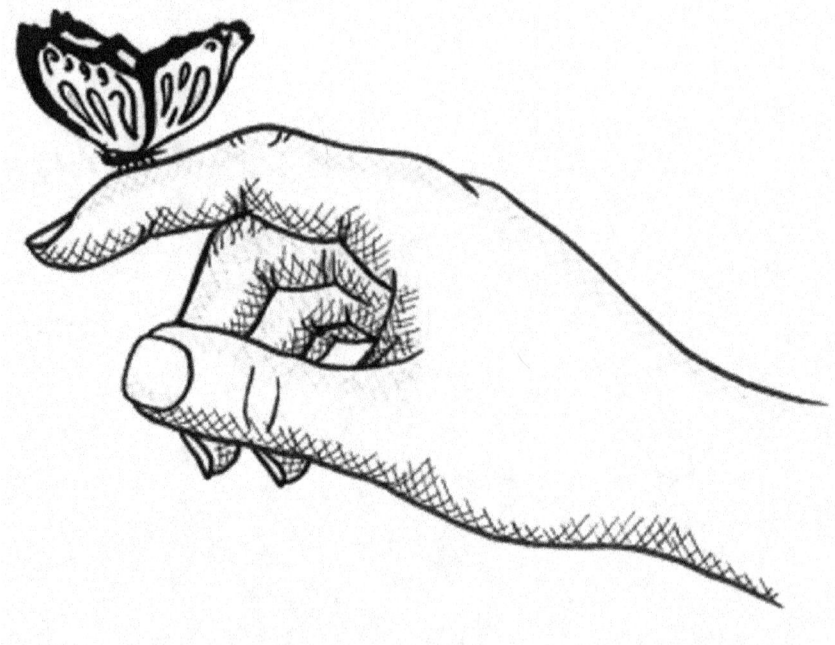

10) Können Deine Arme leichter sein?

Um Deine Arme leichter werden zu lassen, beginne die Bewegung mit den Fingern oder der ganzen Hand. Wenn Du die Bewegung in den Armen anfangen lässt, ziehen sich die Muskeln zusammen und Schultern und Arme werden verspannt. Beginnst Du hingegen mit den Fingern, so kann sich die Bewegung harmonisch entlang der Armstruktur ausbreiten und der Druck auf die Handgelenke nimmt ab.

Mit leichten Armen richtet sich der Oberkörper auf, wodurch der Brustkorb und die Atmung positiv beeinflusst werden. Du bekommst mehr Kontakt zu dem elementaren, natürlichen Energiestrom in Deiner Wirbelsäule und fühlst Dich insgesamt lebendiger. Achte einfach darauf, und es wird anfangen sich zu verändern.

Leichte Finger

Augen

*Wundere Dich nicht über so viele Kommentare zu den Augen.
Es heißt, sie seien das Fenster zu unserer Seele;
das macht sie zu einem wichtigen Bestandteil eines komplizierten Ganzen,
denn die dort beginnenden Spannungen führen in alle Richtungen.
Als Unterstützung für Dich, hier ein paar behutsame Gedanken die Dir helfen können, die Dinge klarer zu sehen.*

11) Vergrößere den Abstand zwischen Augen und Bildschirm

Was passiert, wenn Du den Abstand nicht vergrößerst?
Es kann z.B. ein Muster entstehen, bei dem alles in sich zusammenfällt: der Kopf kommt nach vorne, zieht die Schultern mit sich und drückt den Brustkorb zusammen, und das Gewicht des Oberkörpers kommt hinter die Sitzknochen.

Zusammengefallen

Ein anderes Muster kann sein: man sitzt im Hohlkreuz während der Kopf nach vorne zum Bildschirm zieht. Der untere Rücken ist also verspannt, aber der Oberkörper fällt in sich zusammen und folgt dem Kopf hinterher.
Ein Phänomen, welches sich bei am Computer arbeitenden Menschen beobachten lässt, ist die „Sogwirkung" des Bildschirms. So wie es „Alice im Wunderland" mit dem Spiegel geschieht.

Komm wieder heraus und nimm Dich selbst wahr. (Für manche ist dieses Herauskommen eine große Bewegung, für andere weniger.)

Der Kopf-Nacken-Schulter-Bereich kann sich öffnen wie eine Blume - mit Ruhe und ganz liebevoll, weil sich die Blume so leicht erschrecken lässt. Wenn Du merkst, dass Du die Augen aufreißt, ist möglicherweise genau das gerade passiert, und die Blume hat sich erschrocken. Wenn Du das wahrnimmst, werde einfach wieder etwas weicher, das beruhigt die Blume und sie kann sich entspannt öffnen.

Wenn der Abstand der Augen zum Bildschirm größer wird, hilft das dem ganzen Menschen: Der Oberkörper richtet sich auf, Spannungen schmelzen, der Kopf balanciert sich neu aus und der Druck auf den Nacken wird geringer. Die Arme können sich leichter bewegen und es ist eine Erholung für die Augen. Du fühlst Dich nicht nur körperlich weniger unter Druck sondern auch mental - und Du nimmst Dich selbst besser wahr.

Geöffnet und aufrecht

12) Vergrößere den Abstand zwischen Fingern und Augen

Das ist ein gutes Mittel, um die Arm- und Schulterstruktur zu weiten. Möglicherweise entspannen sich dann auch noch Nacken und Kiefer und der Oberkörper richtet sich auf. Die neue Köperbalance verringert auch den Druck auf die empfindlichen Bandscheiben in Deiner Wirbelsäule.

Dazu kommt, dass Deine Aufmerksamkeit sich weitet, und Du mehr Präsenz für den Augenblick und für Deine Arbeit hast. Du distanzierst Dich vom Bildschirm statt Dich in ihn hineinziehen zu lassen. So bekommst Du die Chance zu einer vollständigeren und ausbalancierteren Handlungsweise und wirst nicht von Dir weg in den Computer gezogen.

Zusammengezogen, gebeugte Handgelenke

Aufrecht, leichte Arme

13) Schau Dich ab und zu im Raum um

Wenn Du das tust, kann sich Dein Kopf wieder daran erinnern, wo und wie er auf der Wirbelsäule balanciert.

Eine gute Kopfbalance hat viele Vorteile:

- Das Blut zirkuliert leichter, Kopfschmerzen werden weniger und mit dem Nachlassen der Spannung richtet sich der Kopf neu aus.
- Die Augen können sich von Überlastung erholen, denn wenn die Augen starren, haben sie zu viel Spannung, was sie überanstrengt und angestrengte Augen verursachen immer einen verspannten Nacken.
- In der Wirbelsäule erneuert sich die Energie der Bandscheiben. Diese dynamische Energie bringt uns mehr Freiheit und Auftriebskraft in der Wirbelsäule. Sie wird schwächer, je mehr wir im Stuhl in uns zusammensacken. Ein starker Rücken fühlt sich nicht nur gut an, sondern sorgt für eine kraftvolle Unterstützung und Aufrichtung.

Die folgenden Informationen sind nicht dazu da, damit Du Dich schlecht fühlst, sondern um Dich zu ermutigen, Deine eigenen Reaktionsmuster aufzuspüren:
Leider ist es so, dass sich bei unausgewogener Kopfbalance die Nackenmuskulatur verspannt und sich mit der Zeit sogar verkürzt. Dadurch besteht die Gefahr, dass die Bandscheiben zwischen den Wirbeln gequetscht werden. Dauerhafte Kompression der Bandscheiben schwächt deren Funktion nachhaltig, genauso wie den Zustand der kleinen Muskeln, die für die feine Balance unseres Kopfes zuständig sind.
Es kann aber auch genauso gut das Gegenteil der Fall sein: die Muskulatur des Nackens und des gesamten Rückens ist zu schwach und durch die fehlende Aufrichtung kommt es zu übermäßigem Druck auf die Bandscheiben.

Nutze deshalb immer wieder die Gelegenheit zur Aufrichtung und Entspannung und sieh Dich im Raum um.

Im Raum umsehen

14) Erinnere Dich: Deine Augen liegen oberhalb der Wirbelsäule

Was passiert, wenn Du daran denkst, dass sich Deine Augen oberhalb der Wirbelsäule befinden?

VIP: Wenn Du daran denkst, dass die Augen oberhalb der Wirbelsäule sind, hebe nicht als Reaktion darauf die Nase hoch, denn dann wird die Nackenmuskulatur verkürzt und angespannt. Außerdem kann ein Eindruck von Arroganz entstehen, den Du bestimmt nicht beabsichtigst. Wenn Du aber die Idee der sich öffnenden Blume benutzt, hilft das den Augen sich zu heben.

Wie fühlt es sich an? Was fällt Dir auf?

Wir fügen diese Information direkt hinter SAM Nr. 13 ein, weil der Gedanke, dass sich die Augen oberhalb der Wirbelsäule befinden, die Balance des Kopfes und die Aufrichtung des Oberkörpers unterstützt. Das kann dabei helfen, insgesamt positiver im Alltag zu sein.

Es ist auch ein Vorteil für klare Kommunikation und bedeutet weniger Spannung beim Blick auf den Bildschirm, am Telefon, beim Tippen, Lesen oder Autofahren. Die Liste ist endlos; teste verschiedene Möglichkeiten aus, und füge Deine eigenen Beobachtungen hinzu.

Kopfbalance, freier Nacken

Die meiste Zeit verbringen wir mit Augen, die unter die Ebene der Wirbelsäule gesenkt sind, und das nicht nur am Computerbildschirm, sondern auch z.B. wenn wir Leute treffen, ihnen die Hand schütteln, einen Kaffee trinken - wir senken unsere Augen auf die Aktivität, und vergeben damit unseren natürlichen Anspruch auf einen aufrechten Körper.

15) Schließe für einen Moment Deine Augen

Das ist etwas, was man immer wieder für 2-3 Sekunden machen kann. Es nimmt Druck und Spannung von Augen, Gesicht, Schultern und Gedanken, und man sieht freundlicher aus.

Probiere es beim Essen mit Bekannten aus, es ist romantisch; such Dir den richtigen Moment aus und pass mit den Kerzen auf. Du wirst neue Freunde finden; in der nonverbalen Kommunikation nennt man das „freundliche Gesten pflegen". Du gewinnst Zeit zum Nachdenken, die Konversation wird angenehmer, und Du bist nicht ständig unter Hochspannung. Stattdessen bist Du mehr bei Dir, und heutzutage ist alles, was das unterstützt, ein Gewinn an Lebensqualität.

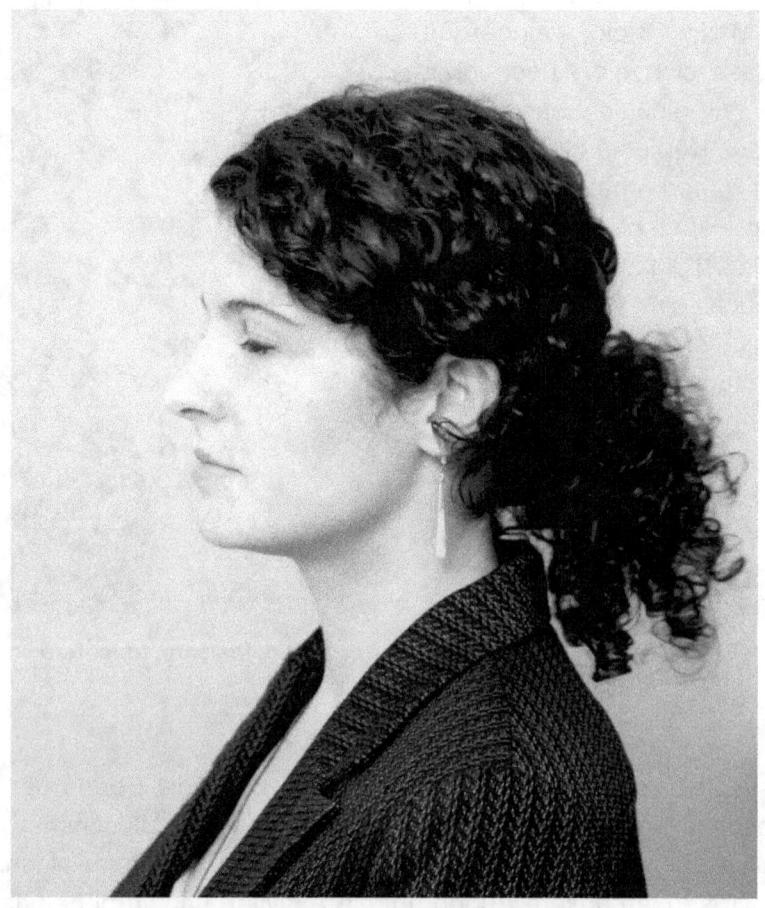

Entspannung durch geschlossene Augen

16) Entspanne hinter den Augen, wenn Du sie schließt

Das erlaubt Dir für einen Moment, die Spannungen im Gesicht loszulassen, besonders vor dem Computerbildschirm. Selbst wenn Du regelmäßig oder auch häufig blinzelst, entspannt das nicht die Muskeln, sondern befeuchtet nur die Augen.

Probiere es jetzt aus: Wenn Du die Augen ein paar Sekunden lang schließt, entspanne hinter ihnen und versuch auch über und unter ihnen loszulassen. Mit etwas Übung kannst Du fühlen, wie sich die Muskeln lockern, denn fast automatisch löst Du so unbemerkte Spannungen im Gesicht. Und wenn Du auch noch den Kiefer und die Lippen mit dazu nimmst, entspannst Du Dein Gesicht noch vollständiger.

Es gibt noch einen anderen Grund, rund um die Augen und auch dahinter zu entspannen: Viele Menschen bekommen etwa mit 40 Jahren Probleme mit den Augen; wenn Du noch jünger bist, wirst Du so Deine Augen länger in Form halten, und wenn Du eine Brille trägst, hilft es Deinen Augen dabei, wieder stärker zu werden.

Ein Detail möchten wir an dieser Stelle besonders hervorheben: wesentliche Spannungsmuster liegen oft zwischen Augen, Kiefer, Lippen und Zunge. Wenn man die Augen nicht entspannt oder ihnen gelegentlich eine Pause gönnt, gerät man leicht an den Rand des Schreckreflexes, der Dich in Momenten der Gefahr zwar retten kann, im normalen Leben aber nur Spannung und Angst erzeugt. Man sieht netter aus, wenn man nicht erschrocken wirkt, zumindest in harmlosen Situationen wie bei der Computerarbeit, beim Lesen, in der Unterhaltung, beim Fahrradfahren, beim Bilder betrachten im Museum oder was auch immer. Wenn Du die ganze Zeit auf den Bildschirm starrst, wirst Du in eine Scheinwelt gezogen und höchstwahrscheinlich darin bleiben, bis Du den Computer wieder ausschaltest. Aber Du kannst dieser Welt ein bisschen entkommen und Dich selbst in Raum und Zeit mehr wahrnehmen. Entspannung der Augen ist der Schlüssel zu tieferer Entspannung und hilft außerdem dabei, Aggressionen zu verringern - ein interessanter, nicht unwichtiger Nebeneffekt.

17) Gönne Deinen Auge Pausen

Wir sind immer von irgendetwas in Anspruch genommen. Gib Deinen Augen ab und zu eine Pause und gönne ihnen die Entspannung. Es verhindert nicht nur, dass Du zusätzliche Spannung aufbaust, sondern hilft auch die Verspannungen lösen, die schon da sind. Es bringt Dich aus der Matrix der Computerwelt heraus, zurück zu Dir selbst. Du kannst Gewohnheiten besser erkennen, wenn Du die Anstrengung von Deinen Augen und damit auch von Deinem Gesicht nimmst.

18) Hab weiche Augen und nimm Dich selbst wahr

Angespannte Augen verspannen den Nacken und sind oft auch der Beginn des Schreckreflexes, zumindest ist das Muster ein ganz ähnliches. Außerdem kann man sich mit starrenden Augen nicht wirklich entspannen.

Wenn Du Deine Augen und Stirnmuskeln entspannst, erreichst Du damit auch Kiefer und Lippen, was wiederum dabei hilft, die Nackenspannung zu mildern.

Mit weniger Falten im Gesicht siehst Du jünger aus, auch wenn Du älter wirst; der kleine Zeitaufwand lohnt sich unbedingt, und es macht Sinn, sich im Alltag so oft wie möglich daran zu erinnern. Probiere es eine Zeitlang aus, und Du wirst den Unterschied merken.

Spannungen bauen sich oft allmählich auf, ohne dass wir etwas davon bemerken. Erst Probleme oder Schmerzen holen uns in die Wahrnehmung zurück. Besonders im Gesicht fällt es uns nicht auf, denn sobald wir in den Spiegel schauen, verändern wir unser Gesicht. Warte nicht darauf, dass Du die Spannung spürst, es kann sein, dass das nicht passiert; geh einfach davon aus, dass Spannungen vorhanden sind und versuch, sie so oft es geht zu lösen. Allmählich wird sich der Grad der Verspannung verändern - und die vielfältigen Vorteile eines entspannten Gesichts haben wir ja schon beschrieben. Stell Dir vor, in all den Jahren am Computer entspannst Du Deine Augen und Dein Gesicht immer wieder und kommst immer mehr mit Dir selbst in Kontakt, statt langsam im Computer zu verschwinden.

19) Erlaube Deinem Blick sich zu weiten

Während Du gerade in Deinem großartigen neuen Buch über ergonomisches Training liest und neue Ideen kennenlernst, probiere mal aus, ob Du gleichzeitig, in der Peripherie Deines Sehens Deine Umgebung und die Menschen um Dich herum wahrnehmen kannst. Nimm diese Eindrücke mit dazu während Du diese Worte liest; versuche, beides gleichzeitig zu tun.

Du kannst das periphere Sehen dann problemlos in Deine Arbeit am PC einbauen, indem Du Deinem Blick erlaubst sich zu weiten, während Du auf den Bildschirm schaust.

Diese Übung ist nicht leicht, aber es lohnt sich, es zu probieren. Was haben wir nicht alles gelernt im Leben nur durchs Ausprobieren...

Wenn Du peripheres Sehen übst, übertreibe es nicht; vermeide es, Deine Augen zu überanstrengen. Verbinde die Übung deshalb manchmal damit, dass Du zwischendurch Deine Augen schließt und die Muskeln um sie herum entspannst.

Peripheres Sehen erweitert unsere Aufmerksamkeit, fördert entspanntes Sehen und kann die Blume ermuntern, sich zu öffnen.

Ein

sich

längender

Körper

20) Balanciert Dein Kopf oben auf der Wirbelsäule?

Das ist eine Frage, die man sich oft stellen kann. Wenn man lange Zeit am Computer arbeitet, ist es quasi eine Berufskrankheit, dass man zum Bildschirm hingezogen wird. Die Frage hilft Dir dabei, im Leben wacher/aufmerksamer zu sein – auch jetzt, während Du diese Worte liest.

Wenn Du Dir diese Frage öfter mal stellst, löst das eine Kettenreaktion zu Deinem Vorteil aus: Dein Kopf kann besser auf der Wirbelsäule balancieren und das hilft den Schultern sich zu entspannen und das wiederum hilft dem Rücken, sich aufzurichten.

Kopf nach vorne und unten

21) Sitze auf Deinen Sitzknochen

Um die Sitzknochen zu finden, setz Dich auf einen harten Stuhl und bewege Dich seitlich hin und her, dann kannst Du sie fühlen; es sind die harten Knochen unten am Becken.

Im Hohlkreuz sitzend kommen wir vor die Sitzknochen; wenn wir im Rücken zusammensinken sitzen wir hinter den Sitzknochen. Wenn Du direkt auf Deinen Sitzknochen sitzt, hat das viele positive Auswirkungen:

Du bewegst Dich mehr aus Deiner Mitte heraus und unterstützt so die Beweglichkeit Deiner Arme. Du bringst die Muskeln Deines Rückens in lebendige Aktivität, und die Wirbel und Bandscheiben werden nicht so sehr zusammengepresst. Das Blut fließt leichter durch den Körper, wenn wir aufrechter sitzen, und der Druck wird vom Nackenbereich weggenommen, weshalb der Kopf freier balancieren kann. Du wirst im Ganzen aufrechter, und damit denkst Du auch anders. Gedanken und Gefühle sind eng mit der Körperhaltung verbunden – Du fühlst Dich besser, wenn Du aufrecht bist. Man braucht etwas Zeit, sich daran zu gewöhnen, aber letztlich ist es nicht so schwer.

Aufrecht auf den Sitzknochen

22) Kannst Du entspannt aufrecht sitzen?

Um diesen Prozess zu unterstützen, solltest Du die ganze Länge Deiner Wirbelsäule kennenlernen. Dazu ist es wichtig ausbalanciert direkt auf den Sitzknochen zu sitzen. Es hilft auch, wenn Du an die Blume denkst, die sich öffnen kann, und dass Du Dich mit dem Gesicht nicht in Richtung Bildschirm ziehen lässt, sondern Dich ein wenig davon distanzierst. Damit meinen wir natürlich nicht deine emotionale Beteiligung, lass einfach nur den Kopf dahin gehen, wo er angenehm und leicht im Gleichgewicht ist, damit Dein Körper sich längen kann.

Dann fließen Wellen von Energie durch den ganzen Körper und oft verschwinden Kopfschmerzen. Der Blutdruck kann sinken, und in anstrengenden Situationen wirst du weniger nervös. Der Rücken wird gestärkt, und die neue Ausrichtung von Muskeln und Bändern lässt Unbequemlichkeiten und Schmerzen verschwinden. Die Art und Weise, wie Du mit Deinem Körper umgehst, wird sich so verbessern, dass RSI-Probleme immer weniger wahrscheinlich werden.

Aufrecht, aktiv, angelehnt

23) Kannst Du entspannt sein ohne zusammenzusinken?

Die meisten Menschen verwechseln Entspannung mit Zusammensacken. Wenn der Körper zusammensinkt, beeinträchtigt das seine Funktion erheblich: Du verlierst die Kopfbalance, und der Mangel an nach oben gerichteter Energie in der Wirbelsäule drückt die Bandscheiben einseitig zusammen. Als länger andauernder und gewohnheitsmäßiger Zustand kann das zu Abnutzungserscheinungen führen, die die gesamte Wirbelsäule schwächen. Bewegungen aus einer zusammengesunkenen Haltung heraus erhöhen das Risiko von RSI-Verletzungen zusammen mit Rückenproblemen, Kopfschmerzen, Verspannungen und einem generellen Energieverlust.

In diesem Teil des Buches findest Du viele Ideen wie z.B. die Blume, die Distanz zum Computer oder die Augen, die oberhalb der Wirbelsäule liegen. Nutze sie, um für Dich herauszufinden, wie Du entspannt aufrecht sitzen kannst, ohne zusammenzusinken.

Aufrecht angelehnt, Beine übergeschlagen

24) Aktiviere die Energie Deiner Wirbelsäule

Das gibt Dir mehr Kraft. Die natürliche Lebensenergie, die unseren Rücken aufrecht hält und den Kopf leicht auf der Wirbelsäule balancieren lässt, verlässt uns oft in den Aktivitäten des täglichen Lebens, und wir sinken in uns zusammen: beim Essen, beim Zähneputzen, beim Arbeiten am Computer, sogar beim Telefonieren. Diese und Dutzende anderer Alltagsaktivitäten sind für uns der Anlass, der Schwerkraft zu folgen. Der Kopf sinkt entweder nach vorne und unten oder er fällt nach hinten und unten, und in beiden Mustern folgt der Körper dem Kopf. Manchmal allerdings ist die Reihenfolge umgekehrt und der Kopf folgt dem Körper, der in sich zusammenfällt.

Wenn wir aufmerksam sind, können wir diese Momente spüren, und dann ist Veränderung möglich. Die Erinnerung an unsere natürliche Länge und die ausgewogene Balance des Kopfes unterstützen uns dabei. Wir Menschen sind anpassungsfähig, und wir haben eine Wirbelsäule: Wir gewinnen an Kraft, und fühlen uns besser, wenn wir die Energie der Wirbelsäule aktivieren. So einfach ist das.

Aktivierte Wirbelsäule

Der Schwerkraft folgend

Beine und Beckenstruktur

25) Sitz manchmal ohne übereinandergeschlagene Beine

Wenn Du mit übereinandergeschlagenen Beinen sitzt, verdreht das die Muskeln im Beckenbereich und zieht an denen des unteren Rückens. Im Grunde verschiebst Du damit die gesamte Beckenregion. Durch unsere Sitzkultur wird solches Sitzen unterstützt, aber wenn Du auf diese Art sitzt, ist das langfristig gesehen nicht wirklich gut für Deine Hüften. Die Beine übereinanderschlagen zu haben bedeutet nicht, bequemer zu sitzen. Wir stabilisieren uns damit nur passiv, und haben das Gefühl, dass das Sitzen weniger anstrengend ist. Es ist einfach eine kulturelle Angewohnheit, die wir uns abgeguckt und angewöhnt haben.

Beine übereinandergeschlagen, Körper zieht nach unten

26) *Probiere die Schrittstellung aus*

Schrittstellung heißt: einen Fuß vorne, den anderen unter Dir. Welchen Fuß Du vorne hast und welchen unter dem Stuhl kannst Du Dir aussuchen. Es macht Sinn, immer wieder die Beine zu wechseln, um Deinem Körper eine Veränderung in der Sitzposition anzubieten.

Die Schrittstellung hilft dabei den Körper leicht und dynamisch auf den Sitzknochen zu balancieren - so wie es in der Werbung für Stuhlkissen versprochen wird. Unsere Position macht das für Dich. Die Schwierigkeit besteht grundsätzlich darin, über einen längeren Zeitraum aufrecht und trotzdem entspannt zu sein, und die Schrittstellung kann Dich dabei unterstützen. Probiere es aus; wenn Du es einmal richtig wahrgenommen hast, wirst Du es immer wiedererkennen.

- Kleine Veränderungen in der Fußposition fühlen sich für jeden etwas anders an. Spüre, wie sich dadurch Gewicht und Balance verändern, ein ganz kleines bisschen kann schon einen großen Unterschied machen. Wenn Du es zu schnell oder zu viel machst, kann es sein, dass Du ins Hohlkreuz kommst und den Punkt verpasst, an dem Du entspannt auf den Sitzknochen balancierst. Wechsel ein paar Mal vor und zurück, aber langsam genug um die Unterschiede spüren zu können.
- Wenn Du in der Schrittstellung, oben auf den Sitzknochen angekommen bist, bewege Dich ein bisschen vor und zurück, denn es kann sein, dass Du die Hüften entspannen musst. Du kannst Dir dabei selbst helfen, indem Du in der Bewegung immer wieder behutsam anhältst. Das zeigt Dir, wie viel oder wie wenig Du in den Hüften und im unteren Rücken anspannst. (Wenn Du zu schnell stoppst, baust Du zusätzliche Spannung auf.)
- Noch ein Tipp: Hab ein weiches Zwerchfell. Das Zwerchfell ist in etwa dort, wo die Rippen unter dem Brustbein zusammentreffen. Wenn Du dort weich wirst, entspannst Du auch die Hüften und den unteren Rücken ein bisschen und landest dadurch gut ausbalanciert auf Deinen Sitzknochen.

Zwei Dinge kann man beobachten:

1) Wenn die Füße parallel stehen, hat der Körper die Tendenz, den Weg des geringsten Widerstandes zu gehen und in sich zusammen zu fallen;

oder aber Du kämpfst, um den Rücken gerade zu halten. Normalerweise ist die Rückenmuskulatur nicht stark genug entwickelt, um dieses Maß an Arbeit zu leisten. Das heißt, Du benutzt viel falsche Spannung um in dieser Sitzposition aufrecht zu bleiben.

2) In der Schrittstellung geht die Tendenz in Richtung dynamischer Aktion und Aufmerksamkeit. Das genau ist es, was Du möchtest. Wenn Du ausruhen willst, rutsche auf Deinem Stuhl nach hinten und unterstütze den Rücken, das ist leichter und auch in Ordnung. Wenn es Dir aber um einen dynamisch arbeitenden, lebendigen Rücken und eine gute, aktive Arbeitshaltung geht, hilft es Dir sehr, wenn Du die Schrittstellung förderst und pflegst.

Schrittstellung, angelehnt, offen

Schrittstellung, entspannt

Schrittstellung, aufrecht, offen

Schrittstellung, aufrecht, parallel

27) Öffne im Sitzen die Knie ein wenig

Wenn die Knie und Oberschenkel angespannt sind, beeinflusst das die Gruppe der Psoasmuskeln. Diese liegt tief im Körper und hat viele weiterführende Verbindungen. Grundsätzlich bedeuten feste Knie feste Hüftgelenke und einen festen unteren Rücken, alles zieht sich ein bisschen zusammen.

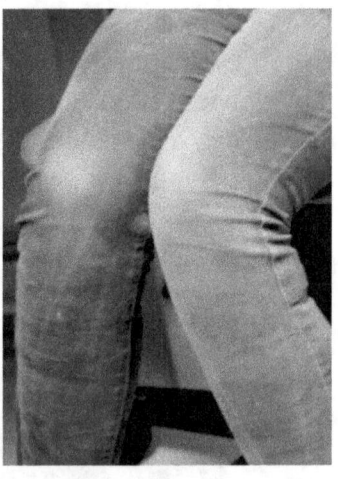

Manchmal wird auch die Atmung beeinträchtigt, weil das Zwerchfell mit von der Partie sein will - es hat eine Verbindung zum Psoas. Man spürt vielleicht nicht viel davon, aber über die Monate und Jahre baut sich die Spannung immer weiter auf und verstärkt sich.

Lass die Knie ein wenig auseinander gehen, am besten in Schrittstellung der Füße. Stell einen Fuß ein wenig nach hinten, sodass die Beine mit leicht geöffneten Knien entspannt sind und Du bequem und dynamisch auf den Sitzknochen sitzen kannst und nicht im Rücken kämpfen musst, um aufrecht zu bleiben - so kannst Du die Nebeneffekte von festen Knien verringern.

Enge Knie

28) Hab die Knie oft tiefer als Deine Hüften

Aufrecht, Knie tiefer als Hüften

Wenn Du aufrecht bleiben möchtest und nicht daran gewöhnt bist, können Deine Muskeln dieses plötzliche Maß an Arbeit gar nicht leisten. Du kannst die Haltung nur mit viel Spannung beibehalten oder Du bekommst nach einiger Zeit Schmerzen. Denn Dein Rücken muss ziemlich viel arbeiten, wenn er das aufrechte Sitzen nicht gewohnt ist.

Wenn Deine Knie etwas tiefer sind als die Hüften und die Füße in Schrittstellung, bringt Dir das mehr Dynamik und eine bessere Gewichtsverteilung sowohl auf den Sitzknochen wie auch im ganzen Körper. Oft genügt es, ein Knie tiefer zu haben, um die Haltung dynamischer zu machen.

29) Lass sich ein oder beide Knie ein wenig zur Seite öffnen, wenn Du Dich nach vorne beugst.

Die meisten Leute beugen sich von der Mitte des Rückens aus nach vorne, was normal aussieht, aber die Bandscheiben sehr belastet. Es ist eine dieser körperlichen Reaktionen, die unterhalb unserer bewussten Wahrnehmung ablaufen.
Wenn Du die Knie oder Beine etwas öffnest, sobald Du Dich nach vorne beugst, kannst Du stattdessen Deine Hüftgelenke für die Bewegung benutzen und Dein Rücken kann lang und dynamisch bleiben.

30) Schalte nicht ab, wenn Du den Computer anschaltest

In der Regel schalten die Menschen ihre Eigenwahrnehmung aus, sobald sie den Computer einschalten. Es ist vielleicht das ultimative Computerparadox, dass mindestens 2 Milliarden Menschen auf der Welt im Netz des modernen Lebens verloren gehen bzw. festsitzen. Das Netz zieht uns an und fesselt unsere Aufmerksamkeit. Diese subtile Energieform, die uns in der Eigenwahrnehmung, der Wahrnehmung der Umgebung und unserer Interaktion unterstützen könnte, geben wir gedankenlos mit der Betätigung des Einschaltknopfes auf. Manchmal ist es schön, abzuschalten, na klar – aber wäre es Dir nicht lieber, es wäre Deine eigene Wahl und nicht der Regelfall?

SAM ohne Kommentar

1) Öffne Deine Blume
2) Kannst Du Deine Schultern etwas entspannen?
3) Denk an weiche Daumen
4) Hab entspannte, mittige Handgelenke.
5) Lass Lippen, Kiefer und Nacken weich werden.
6) „Küssende Schulterblätter"
7) Schräge Arme
8) Sei sanft zu Deiner Maus
9) Denk an Schmetterlings-Finger
10) Können Deine Arme leichter sein?
11) Vergrößere den Abstand zwischen Augen und Bildschirm
12) Vergrößere den Abstand zwischen Fingern und Augen
13) Schau Dich ab und zu im Raum um
14) Erinnere Dich: Deine Augen liegen oberhalb der Wirbelsäule
15) Schließe für einen Moment Deine Augen
16) Entspanne hinter den Augen, wenn Du sie schließt
17) Gönne Deinen Augen Pausen
18) Hab weiche Augen und nimm Dich selbst wahr
19) Erlaube Deinem Blick sich zu weiten
20) Balanciert Dein Kopf auf der Wirbelsäule?
21) Sitze auf Deinen Sitzknochen
22) Kannst Du entspannt aufrecht sitzen?
23) Kannst Du entspannt sein ohne zusammenzusinken?
24) Aktiviere die Energie Deiner Wirbelsäule
25) Sitz manchmal ohne übereinandergeschlagene Beine
26) Probiere die Schrittstellung aus
27) Öffne im Sitzen die Knie ein wenig
28) Hab die Knie oft tiefer als Deine Hüften
29) Öffne ein oder beide Knie ein wenig zur Seite, wenn Du Dich nach vorne beugst
30) Schalte nicht ab, wenn Du den Computer anschaltest

Teil 3

DAN

Ausrichtende Anwendungsmöglichkeiten

(Directive Application Now)

Diagonal am Tisch sitzen

In unseren Kursen ist dies immer die Überraschungs-Position. Sie ist so unglaublich praktisch, dass Du sie in Dein Sitz-Repertoire übernehmen wirst, wenn Du sie einige Male ausprobiert hast. Du kannst sie auf jeden Fall zuhause benutzen, und auch im Büro, wenn Du denkst, dass es dort vertretbar ist, da es doch ein wenig leger aussieht.

Die Position ist ganz einfach: Statt frontal am Tisch zu sitzen, dreh Deinen Stuhl etwas diagonal zum Tisch und nutze diesen als Unterstützung für Dich. Bildschirm, Tastatur, Maus oder Laptop kannst Du dann der neuen Sitzposition anpassen. Du kannst so sitzen, um Dich zu erholen oder um auf andere Art als sonst aktiv zu sitzen. Es ist in jedem Fall eine bequeme Kombination, wie man unschwer auf den Bildern erkennen kann. Eine Seite ist nah am Tisch, der eine Arm kann sich entspannt ausruhen, und trotzdem können beide Arme gut arbeiten. Du kannst Dich auch gerne mit einem langen, entspannten Rücken anlehnen.

Es sieht lässig aus, ist aber sehr aktiv. Darüber hinaus ist es eine perfekte Pause von der ständigen Anstrengung und Belastung immer parallel und gerade sitzen zu wollen. Wenn Du an Deiner Sitzposition arbeiten möchtest, ist diese Position ein sehr guter Weg, denn Du bist entspannt, aber aktiv zugleich. Es ist sinnvoll, wenn Du für diese Position auf dem Stuhl ganz nach hinten rutschst und so Deinen unteren Rücken unterstützt; dann kann Deine Wirbelsäule lang und beweglich sein. Dazu kommen dann die anderen Ideen aus diesem Buch: Die Distanz zwischen Augen und Bildschirm aufrecht zu erhalten, weiche Handgelenke und Schultern, ein langer Rücken, ein ausbalancierter Kopf, sprich: locker, aufrecht, diagonal um Tisch. Entspannt, aber nicht schlapp, aufrecht, aber nicht verspannt. Du kannst auch die Schrittstellung benutzen. Probiere verschieden Möglichkeiten aus, experimentiere, spür in Dich hinein, was sich gut für Dich anfühlt. Wenn man etwas an seinem Verhalten ändert, bringt das andere Muskeln ins Spiel. Es kann gut sein, dass Du positiv überrascht sein wirst, wenn Du diese entspannte aber aktive Position ausprobierst.

Diagonal, aktiv, offen   Diagonal, übergeschlagene Beine, angelehnt, offen

Hier einige Punkte zur Erinnerung:

- Aufrecht, aber diagonal.
- Lang, aber nicht steif.
- Entspannt, aber nicht schlapp.
- Sitz bequem, locker und aktiv.
- Vergrößere den Abstand zwischen Augen und Bildschirm.
- Öffne die Blume sanft und weich.
- Ein Unterarm kann ruhen, der andere ist aktiv.
- Ein Fuß unter den Stuhl.
- Ein weiches Zwerchfell erleichtert das Atmen.
- Peripheres Sehen.
- Finde heraus, was für Dich bequem ist.
- Sieh Dich im Raum um.
- Nutze die Position als Zwischenstation oder zum Ausruhen.
- Have a break, have a chocolate, have a choice.

Fuß-Stützen

Für den Fall, dass Du am Arbeitsplatz eine Fuß-Stütze benutzen kannst, geben wir hier ein paar Tipps. Eine Fuß-Stütze kann sehr hilfreich sein, da sich dadurch der Hüftbereich etwas verschiebt. Man muss nur aufpassen, dass man nicht hinter die Sitzknochen in einen Rundrücken gerät. Wenn Du frei, ohne Lehne sitzen möchtest, ist es praktischer, die Schrittstellung zu benutzen (ein Fuß vorne, einer hinten). Angelehnt kann eine Fuß-Stütze hilfreich sein. Wenn Dein Fuß auf der Stütze steht, ermögliche Deinem Bein sich vom Hüftgelenk aus zu bewegen, damit es mehr Freiheit hat. Probiere verschiedene Winkel aus, dann wirst Du schnell merken, was am besten für Dich ist.

In der Schrittstellung mit Fuß-Stütze

Arbeiten an einem niedrigen Tisch

Eine weitere, sehr interessante Art am Computer zu arbeiten, ist an einem niedrigen Tisch. Nimm einen Tisch, an dem Du auf einem stabilen Kissen gut sitzen kannst. Wenn möglich nimm ein Yogakissen, sodass Deine Oberschenkel schräg nach unten zeigen, so ist es viel einfacher, über längere Zeit gerade zu sitzen. Sitz nicht direkt auf Deinen Füßen, sonst schlafen Deine Beine ein, das wäre nicht so praktisch. Du kannst auch noch eine Matte oder Decke unter das Kissen legen, dann haben es Deine Knie auch schön weich. Wenn Du möchtest, kannst Du Deinen natürlich langen Rücken auch anlehnen an was immer gerade vorhanden ist.

Verlagere ab und zu Dein Gewicht oder die Balance um nicht steif zu werden, es gibt viele Möglichkeiten für kleine Bewegungen zwischendurch, z.B. ein Bein auszustrecken oder sich auf dem Tisch abzustützen. So kannst Du wunderbar Deinen Rücken dehnen und Deine Schultern oder den gesamten Oberkörper bewegen und bleibst frisch und lebendig. Denn auch wenn Du auf einem Meditationskissen sitzt, heißt das nicht, dass Du Dich nicht bewegen darfst. Eine andere Möglichkeit am niedrigen Tisch zu arbeiten ist z.B. ein Knie nach unten zeigend, eins aufgestellt, Du kannst Deiner Fantasie freien Lauf lassen um herauszufinden, was für Dich am besten passt.

Probiere für Dich aus, ob Du in Hüft- und Kniegelenken beweglich genug für diese Sitzhaltung bist. Am Anfang kann es sinnvoll sein, mit kurzen Einheiten von etwa 10 Minuten zu beginnen, um Dich an diese Sitzsposition zu gewöhnen.

So wie Du an Deinem Arbeitsplatz alles arrangierst, dass Du möglichst lange bequem arbeiten kannst, entsprechend kannst Du es Dir hier gemütlich machen mit allem was Du brauchst für Deine Beine, Deine Knie, den Rücken... Wenn alle Komponenten die richtige Höhe haben, hilft das auch Deinen Händen und Fingern. Auf einem Stuhl zu sitzen kann harte Arbeit sein, wenn man versucht, aufrecht zu sitzen und trotzdem locker zu sein. Wenn Du die in diesem Kapitel vorgeschlagene Arbeitsposition bequem findest, ist das eine perfekte Alternative zum „normalen" Schreibtisch. Wirf ihn aber deswegen nicht gleich weg, vielleicht brauchst Du ihn noch irgendwann.

Aufrecht, frei

Ein Bein aufgestellt

Mit einem Arm aufgestützt

Ein Bein lang

Im Stehen arbeiten

Im Stehen zu arbeiten, ist in letzter Zeit groß in Mode gekommen. Vor allem Menschen mit Rückenschmerzen nutzen es als Alternative, außerdem ist es natürlich praktisch, wenn man nur mal eben schnell etwas erledigen möchte. Hier kommen ein paar Vorschläge dazu.

Steh in der Schrittstellung

Sie wird auch Vortragsposition genannt, weil Sänger und Redner sie gern benutzen. Der einfache Grund ist, dass man dann beweglicher steht. Im parallelen Stand werden die Knie meist fest und damit auch Hüftgelenke und unterer Rücken. Und wir bemerken es solange nicht, bis es uns jemand zeigt und erklärt. Hinzu kommen: großer Druck auf die Wirbelsäule, die Hüftgelenke, die Knie und die Knöchel - mit ziemlicher Wahrscheinlichkeit in genau dieser Reihenfolge. All das brauchen wir nicht wirklich zum Stehen, aber es ist die übliche zusammengesackte Position, die man überall beobachten kann. Sozusagen die Samstag-Nachmittag-Shopping-Position, wenn man vor einem Schaufenster anhält. Hast Du auch manchmal Rückenschmerzen, nachdem Du langsam die Einkaufsstraße von einem Geschäft zum nächsten entlang geschlendert bist?

Es gibt zwei Arten von festen Knien: Die eine wird von der Schwerkraft unterstützt. Wir sacken im Oberkörper „entspannt" in uns zusammen, es entsteht Druck auf die Wirbelsäule, und das Gewicht des gesamten Körpers drückt dann auf die Knie. Diese reagieren auf diese übermäßige Herausforderung und werden fest. Die andere ist die verspannte Art, bei der die Menschen zu gerade stehen und die Knie durchdrücken. Da es sich stabil anfühlt, scheint es so, als sei alles in Ordnung. Leider sind die Auswirkungen beider Arten ungünstig und stellen ein Problem dar.

Die Schrittstellung unterstützt eine bessere und leichtere Balance, die Beweglichkeit und Koordination und verbessert außerdem die Atmung. Lockere Knie (im Gegensatz zu gebeugten Knien) entlasten auch das Hüftgelenk und erzeugen durch den ganzen Körper eine Aufrichtung nach oben. Man muss es einige Male ausprobiert haben, um den ganzen Effekt wahrzunehmen.

Wenn Du das mit den festen und lockeren Knien jetzt gleich mal ausprobieren möchtest, erzählen wir Dir wie Du es herausfinden kannst.

> Mach Deine Knie fest (drücke sie durch). Dann lass sie wieder locker, aber beuge sie nicht. Mach sie noch einmal fest und wieder locker. Wiederhole das ein paar mal. Wenn Du feste Knie hast, fühlt sich das stabil an und wenn Du sie lockerst, fühlst Du Dich evtl. unsicher, wackelig auf den Beinen. Letztlich ist das Balance. Gute Balance ist meist vorübergehend.
>
> Mach diesmal Deine Knie langsam fest und spür, was im Hüftgelenk und unteren Rücken passiert. Wird beides angespannter? Feste Knie bedeuten meist auch feste Hüftgelenke.
>
> Mach jetzt schnell Deine Knie fest. Dann kannst Du spüren, dass sich auch Dein Zwerchfell anspannt und Du den Atem anhältst – alles das passiert gleichzeitig. Jetzt stell Dich noch einmal mit lockeren, aber nicht gebeugten Knien hin. Versuch, Dich so oft wie möglich daran zu erinnern, und irgendwann hast Du dann den Dreh raus.
>
> Verbinde diese Idee mit denen aus dem folgendem Kapitel.

Das ‚Goldene Dreieck'

Mit dem ‚Goldenen Dreieck' meinen wir eine Aufmerksamkeit dafür, dass sich der Abstand zwischen Deinen Augen, dem Bildschirm und Deinen Fingern auf der Tastatur vergrößern kann, während Du gleichzeitig Deine Füße spürst. Die sich öffnenden Blume hilft zusätzlich dabei eine aufrichtende Energie zu erzeugen, die durch Deinen ganzen Körper fließt. Ursprünglich wollten wir dieses Kapitel das ‚Bermuda-Dreieck' nennen, da so viele Menschen so oft darin verschwinden, wir haben uns dann aber letztlich umentschieden, weil wir fanden, dass ein ‚Goldenes Dreieck' der Aufmerksamkeit doch entschieden positiver klingt.

Es ist völlig in Ordnung, am Tisch ganz frei zu stehen, aber erstaunlicherweise ist es genauso gut, sich leicht anzulehnen. Man kann sich ausruhen und bekommt gleichzeitig etwas Unterstützung. Da Du in der Schrittstellung stehst, ist Dein Kontakt zum Tisch ebenfalls nicht ganz parallel. Du kannst ein Bein locker haben, das andere ist dann das Standbein. Trotzdem kannst Du Deine Hüftgelenke lösen und, wenn Du möchtest, von Zeit zu Zeit das Gewicht verlagern. Wenn Du mit Deinen Händen den Tisch oder die Tastatur berührst, erinnere Dich daran, dass Du Schmetterlingsfinger haben kannst - leicht, beweglich und mit wenig Gewicht auf dem ruhend, was Du gerade berührst -, denn schwere Arme würden Deine Schultern mit nach unten ziehen.

Verspanntes Zusammenziehen oder schweres Zusammensinken; beides blockiert unseren inneren Energiefluss, als würden wir auf dem Gartenschlauch stehen während wir den Rasen sprengen. Lass Dich von Deinem Kopf nach oben führen, Dein Körper folgt dann ganz von alleine. Es ist nur der Gedanke an diese Richtung. Es soll nicht bedeuten, dass man vor lauter Anstrengung steif und fest wird. Eine grundsätzliche, leichte Ausrichtung nach oben nimmt ein wenig Gewicht von uns, von unseren Hüften, Knien

VIP: Dein Kopf wiegt etwa 4-5 kg, wenn er auf der Wirbelsäule balanciert. Aber wenn Du stehst, gehst, läufst, Fahrrad fährst, am Computer arbeitest, usw. kommt Dein Kopf oft nach vorne und verlässt diesen Balancepunkt. Und plötzlich ist es so, als müsste Dein Muskelsystem zwei bis dreimal so viel halten. Man spürt es nur nicht, weil die großen Muskeln im Nacken die ganze Arbeit übernehmen.

und Knöcheln, und hilft dem Gewölbe in unseren Füßen sich aufzurichten.

Jetzt, wo Du das weißt, kannst Du anfangen, das Ganze zu beobachten. Die großen Muskeln springen ein, um die Gewichtsveränderung im Schulter/Nackenbereich aufzufangen. Der Kopf alleine würde mit seinem Gewicht komplett nach vorne fallen, wenn er nicht so nah an der Wirbelsäule gehalten würde. Also übernehmen die großen Muskeln der Nackenregion instinktiv die Unterstützung, obwohl es eigentlich die kleinen lokalen Muskeln sind, die für die Kopfbalance zuständig sind.

Dein Kopf balanciert auf einem Durchmesser von ca. 5 cm auf dem oberen Ende Deiner Wirbelsäule, und das andere Ende Deines persönlichen Universums balanciert auf Deinen Füßen. Dein Gewicht verteilt sich also ganz da unten über diese fantastischen Fußgewölbe, die wie Brücken funktionieren. Es ist eigentlich erstaunlich, dass wir überhaupt stehen können, ganz zu schweigen von den vielen komplizierten Bewegungen, die wir mit Anmut ausführen ohne vornüber zu fallen. Ein absolutes Wunder an Technik, Design und Funktionsfähigkeit. Alles nur, damit wir gehen, tanzen, hüpfen (erinnerst Du Dich daran?), laufen, oder eben vor dem Fernseher sitzen können.

Wir sind für Bewegung gemacht und haben eine empfindsame Kopfbalance entwickelt, um leichter sehen und uns bewegen zu können. Wir haben die Fähigkeit innezuhalten, zu denken, zu wählen und zu reagieren, in der Wildnis und im Asphalt-Dschungel gleichermaßen. Wir haben Beine zum Rennen, Jagen, Fliehen, Überleben und Hände zum Arbeiten, Gestalten, Berühren, um für andere zu sorgen oder zum Kämpfen. Mit unserem Spür-Sinn können wir Unterschiede von weniger als Haaresdicke wahrnehmen. Unsere Zunge ist sogar noch sensibler. Leider haben wir nicht die wundervolle Nase von unserem Haustier, dem Hund, mit seinen 25.000 Geruchsrezeptoren, das wäre bestimmt sehr amüsant. Stattdessen müssen wir unser Gehirn benutzen, um die ganze unbewusste Körpersprache unserer Mitmenschen zu entschlüsseln.

Wir wurden konstruiert als diese unglaubliche Allzweck-Bewegungs-Maschine, ganz egal ob wir stehen oder vor dem Computer sitzen und auf dem Bildschirm jagen. Wahrscheinlich ist es nur fair zu sagen, dass wir all diese Fähigkeiten dafür nicht wirklich benötigen. Aber es lohnt sich doch sehr, dieses großartige Talent zur Eigenwahrnehmung in unserem Tun und Sein zu pflegen. Denn sonst werden wir zu unkoordinierten Automaten, die nicht in der Lage sind, die Effekte des Flucht-oder-Kampf-Reflexes zu bewältigen. Diese finden dann direkt unter der Oberfläche unseres eingebauten Radars statt, außerhalb unserer Sinneswahrnehmungen, und wir hören erst hin, wenn wir Beschwerden oder Schmerzen fühlen, wenn sie sozusagen um Hilfe schreien.

VIP: **Vergrößere immer wieder den Abstand zwischen Dir und dem Computer.** Wir haben das schon früher erwähnt und wiederholen es gerne. Vergrößere den Abstand zwischen Deinen Augen und dem Bildschirm oder der Tastatur. Auch wenn Du den Abstand zu Deinem Computer vergrößerst, könnt ihr doch immer noch Freunde bleiben. Es ist nur Dein Kopf, der sich ein wenig entfernt, um sich besser ausbalancieren zu können. Deine Blume bekommt die Chance sich zu öffnen, Dein Rücken kann dynamischer arbeiten, Du hast weniger Verspannungen in den Armen und kannst sie besser spüren und bekommst dadurch wahrscheinlich weniger RSI-Probleme. Du kannst Dich selbst und die Umgebung in Deinem Leben besser wahrnehmen.

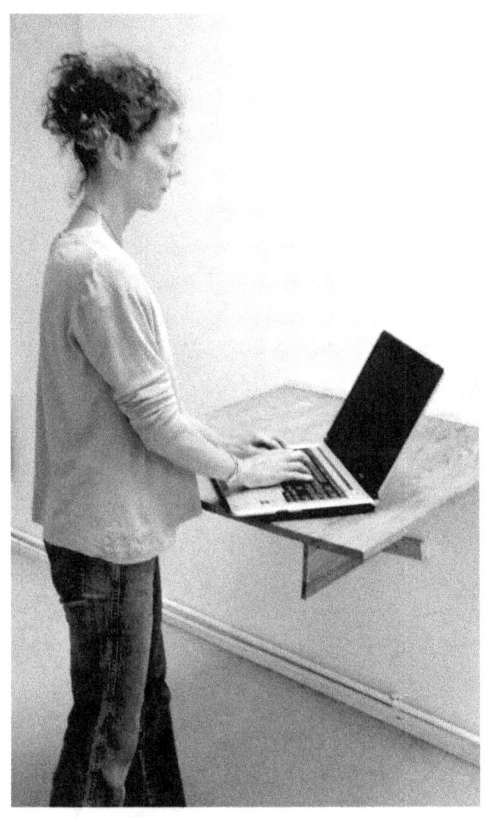

Aufrecht, aktiv, offen

Parallel, eingesunken

Hier eine kleine Zusammenfassung für Dich:

- Steh in der Schrittstellung für eine bessere Balance.
- Ein ‚Goldenes Dreieck' zwischen Füßen, Augen und Fingern.
- Geh nicht im Bermuda-Dreieck verloren.
- Vergrößere den Abstand zwischen Augen und Bildschirm.
- Nimm manchmal peripheres Sehen dazu.
- Löse alle Gelenke gleichzeitig.
- Zieh Dich nicht zusammen oder nach innen.
- Hab Schmetterlings-Finger.
- Leichte Arme, leichte Schultern.
- Lockere Knie, so oft wie möglich.
- Spür, wie lang Dein Rücken ist.
- Deine Augen sind oberhalb Deiner Wirbelsäule.
- Sieh Dich im Raum um.
- Guck, wo Du Dich anlehnen kannst.
- Sieh die Menschen an, sieh Dinge.
- Du stehst in der Vortrags-Position.
- Dadurch fühlst Du Dich dynamischer.
- Singe, dadurch findest Du Freunde.
- Starte vielleicht eine neue Karriere – das soll schon vorgekommen sein.

Tablets, Pads und Smartphones

In diesem Kapitel widmen wir uns dem Gebrauch von tragbaren Kommunikationsgeräten, da wir dies als notwendige Ergänzung zu dem Thema „Computer Comfort" ansehen.

Die Arbeit mit Tablets und Smartphones hat Vor- und Nachteile. Wir wollen hier zwei Perspektiven beleuchten: Zum einen die Verspannungen, die sich gerade bei längerer Benutzung dieser Geräte aufbauen können. Zum anderen möchten wir über den ergonomischen Komfort in Sesseln, Sofas und Betten etc. reden. Wie kannst Du einen Zugang finden zu ergonomisch guter und entspannter Bequemlichkeit?

Das TWSL-Muster

Die Benutzung von Smartphones und Tablets ist in den letzten Jahren geradezu explodiert und überall kann man Menschen sehen, die Textnachrichten schreiben – heutzutage nicht mehr nur mit einem, sondern mit beiden Daumen gleichzeitig. Das Spannungsniveau kann dabei extrem hoch sein und ist inzwischen so alltäglich, dass sich daraus die Bezeichnung „sms-Daumen" entwickelt hat, die neueste Form eines RSI-Problems.

Verspannte Daumen

Bestimmt kennst Du den Ausspruch, dass es die kleinen Dinge sind, die zählen. In diesem Fall ist der Daumen das „kleine" Problem. Denn diese „kleine" Verspannung ist Teil eines sehr viel größeren Musters, das wir übersehen, weil wir es nicht spüren. Es ist also sinnvoll, sich damit zu beschäftigen.

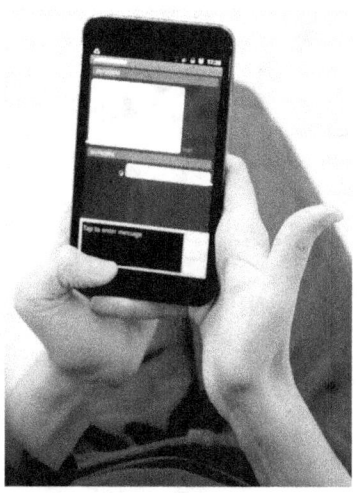

Da Tablets und Smartphones so klein sind, halten wir unsere Daumen fast die ganze Zeit rechtwinklig in die Luft. Wenn du bisher noch keine RSI-Probleme davon bekommen hast, kennst Du das Problem vermutlich nicht, da Du es wahrscheinlich nicht fühlst oder darüber nachdenkst. Für den Fall, dass es Dich interessiert, haben wir hier ein paar Tipps:

- Versuche, trotz der Position des Daumens, ein weiches Handgelenk zu haben.
- Versuche Verspannungen zu verringern, während Du Deinen Daumen zum Tippen benutzt.
- Versuche, Deine Handgelenke mittig zu halten und nicht zu sehr zu beugen – egal in welche Richtung.

Wenn Du bemerkst, dass Du Deine Handgelenke beugst (nach innen oder außen), bring sie zurück zur Mitte. Es ist eine sehr feine sensorische Erfahrung, kein großartig anderes Gefühl, eher eine feinfühlige Veränderung, wie das Stimmen von Gitarrensaiten. Der Unterschied ist allerdings, dass Du nur für einen Moment „gestimmt" bist, solange bis Deine Aufmerksamkeit wieder von anderen Dingen gefangen genommen wird und die Spannungen wiederkommen. Versuch einfach immer wieder sanft Aufmerksamkeit für Dich zu entwickeln. Verbesserungen geschehen Schritt für Schritt, geh immer weiter, gib nicht auf.

Gerade Hangelenke:

Gefangen in der Verspannung

Ein Vorteil dieser kleinen Geräte ist, dass man sie überall benutzen kann und nicht an einen Tisch gebunden ist. Sie sind immer verfügbar, im Stehen, Sitzen oder Liegen. Auch das bequeme Sitzen oder Liegen kann man als Muster wahrnehmen. (Wenn Du etwas mehr darüber weißt, kann es sich alleine dadurch verändern.) Es ist so verführerisch auf dem Sofa zu liegen, statt sich mit einem unbequemen Bürostuhl am Tisch herumzuschlagen, und es ist so bequem, als würde man ein gutes Buch lesen.

Wenn das Tablet auf den Knien liegt, sackt man langsam immer weiter hinunter, und der Oberkörper fällt in sich zusammen. Dieses Muster kann man überall beobachten, wenn Leute smsen oder lesen, es ist völlig normal und wird gar nicht mehr hinterfragt. Das erste Problem hierbei ist, dass der gesamte Kopf-Nacken-Schulter-Bereich sich mehr oder weniger schließt und den Oberkörper mit sich runterzieht. Dadurch wird der Kopf in eine nach unten gezogene Position gezwungen. Die Schultern fallen in sich zusammen, der Brustbereich folgt diesem Impuls und möchte mit von der Partie sein. Dazu kommen die Daumen und Handgelenke mit ihrer Anspannung – so entsteht **eine geschlossene Blume in Kombination mit dem TWSL-Muster.** Wir sind gefangen in dieser Verspannung, es sei denn wir bemerken es und lösen alles ein wenig auf.

Wie Du in unserem Kapitel über das TWSL-Muster nachlesen kannst, ist es der Daumen, der mit seiner Verspannung das Handgelenk beeinflusst und dann ebenfalls die Schultern mit einbezieht. Es ist ein Familienfest, was da stattfindet, die feiern immer zusammen. Es mag übertrieben erscheinen, es ein Verspannungs-Gefängnis zu nennen, aber es entspricht der Realität. Obwohl sich die Daumen bewegen und arbeiten können, ist es trotzdem ein Gefängnis.

Verspannte Daumen und Handgelenke:

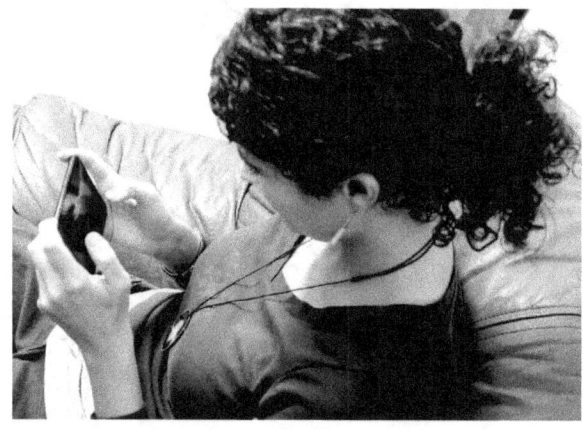

Was Du tun kannst

Die Blume, die sich öffnet

Lies Dir noch einmal die verschiedenen Abschnitte durch über die sich öffnenden Blume. Benutze die vielen Ideen darin, die Distanz schaffen zwischen Deinen Fingern und Deinen Augen, damit Dein Kopf sich wieder ausbalancieren kann. Denk an weiche Daumen während Du Deine feinfühligen Finger am Ende Deines Armes benutzt, diese Finger die berühren, fühlen, spüren, sogar wenn Du smst. Nimm dann wieder die Idee der offenen Blume auf, sie braucht Deine Erinnerung und Ermutigung.

Offen aufrecht, Kopfbalance

Entspannt, offen

Bequeme Positionen

In diesem Abschnitt möchten wir Dir ein paar Ideen dazu mitgeben, wie Du ergonomischen Komfort im Alltag finden kannst, auch wenn es vielleicht nicht ergonomisch perfekt ist.

Unterstützende Kissen

Wenn Du mit Deinem Tablet auf dem Sofa oder Bett liegst, nimm Dir ein paar Kissen mit. Leg ein Kissen unter Deine Knie, um Deine Beine zu unterstützen. Das erleichtert die Durchblutung und macht es für das Hüftgelenk einfacher.

Am meisten sacken wir im (Halb-)Liegen im unteren Rücken ein und damit auch im Brustbereich. Nimm ein Kissen, um dem unteren Rücken Unterstützung zu geben und die Wirbelsäule zu entlasten.
Wenn Du in einem großen Bett liegst, kannst Du außerdem noch Kissen unter Deine Ellenbogen legen, um die Arme zu stützen.
Damit Dein Kopf nicht immer nach unten Richtung Tablet sinkt, lehne ihn ab und zu an und entspanne Dich in das Kissen.
Insgesamt brauchst Du vermutlich mehrere Kissen für die unterschiedlichen Anwendungsmöglichkeiten. Das überlassen wir Deiner Fantasie.

Erholsame Lagerung

Für Deine Handgelenke kannst Du einfach ein kleines weiches Kissen oder etwas ähnliches so benutzen, dass sie sich darauf gestützt ausruhen können, während Du am Tisch mit dem Tablet arbeitest. Oft sind die Hände frei in der Luft beim Umgang mit Tablets oder Smartphones und so entstehen schnell erste Spannungsmuster.

Kleine Erholungs- und Erkenntnis-Pausen

Mach Daumen-Pausen, Augen-Pausen, „Offene Blumen"-Pausen, jetzt da Du das alles so gut kennst. Erinnere Dich an die Distanz zwischen Deinen Augen und den Fingern. Ermutige Dich selbst dazu, die Blume zu öffnen (den Bereich von Kopf, Nacken und Schultern). Öffne Dich so oft wie möglich nach oben, und löse Dich ein wenig von dem was Du gerade tust. Und, so merkwürdig das klingen mag, beobachte ab und zu Deine Daumen, guck Dir an, was sie machen, sie führen oftmals ein Eigenleben. Wenn Du dieser Idee von uns folgst, musst Du evtl. den Kopf senken, um die Daumen zu sehen. Man könnte meinen, dass das der Anweisung von vorhin über die Kopfbalance widerspricht, deswegen: denk wieder daran die Blume zu öffnen.

Nutze jede Gelegenheit, Dich immer wieder nach den anderen Menschen im Raum umzusehen. Wenn Du all die verschiedenen Muster aus Verspannung und Zusammenziehen siehst, die Du von Dir selbst kennst, kann Dich das dazu inspirieren, dieser Reaktionsweise zu entkommen. Versuche Deinen eigenen, individuellen Weg zu finden. Wir rutschen oft wieder zurück in die alten Muster. Nimm es als Spiel mit dem Ziel, mehr Präsenz für Dein Tun zu entwickeln. Wenn Du diesen Wunsch verwirklichen möchtest, wirst Du das Ziel Schritt für Schritt erreichen.

Die Kombination aus „offener Blume" und „TWSL-Muster"

Wenn Du sensibler werden möchtest für die Verspannungen in Deinen Händen, Handgelenken und Schultern, empfehlen wir das Luftballon-Spiel ab S. 114. Es ist hierfür besonders interessant und hilfreich. Wenn Du viel mit Handys oder Tablets arbeitest, benutze kleinere Luftballons für die Übung und mach kleinere Bewegungen, spür die kleinen Haltemuster. Nimm dazu wie immer, die Blume, um den Bereich Nr. 1 zu öffnen. Wenn es nicht gleich funktioniert, bleib am Ball (Ballon), und irgendwann schaffst Du es - was immer „es" für Dich auch sein mag, denn schließlich ist „es" für jeden etwas anderes, und jede Geschichte nimmt ihren ganz eigenen Verlauf.

Freundlicher Hinweis

Nachdem Du all diese Informationen hier gelesen hast, kann es sein, dass Du bei Deinem Kind die verspannten Daumen siehst, und sofort sagst: „Mach mal Deine Daumen locker, Spatz". Die Antwort darauf wird vermutlich sein: „Was?" Oder Du bekommst einen Blick, als wärest Du von einem anderen Planeten. Vielleicht findest Du ja einen anderen Ansatz und kannst die Information spannend verpacken, und vielleicht akzeptiert Dein Kind dann die neuen Ideen und fängt sogar an, so ganz nebenbei, diese Dinge bei sich selbst zu bemerken, statt an den alten Mustern festzuhalten.

Schreiben

Erinnerst Du Dich an diese alte Kunst?

Bisher haben wir diese älteste der heiligen Künste noch nicht erwähnt, die schon wieder auf dem Weg ist, vergessen zu werden, da sie in der modernen Welt so selten genutzt wird. Natürlich werden die Menschen immer schreiben, aber wie viele von uns schreiben noch Briefe auf richtigem Papier? Unsere Enkel fragen uns vielleicht irgendwann einmal, wie das Schreiben auf Papier so war und was Kassettenrecorder oder Videokassetten waren?

Wenn Du immer noch ab und zu Stift und Papier zur Hand nimmst, um diese alte Kunst auszuüben, vielleicht aus reiner Nostalgie, kommen hier ein paar Hinweise, die Du beachten kannst. Du kannst sie auch zusammen mit Deinen Kindern ausprobieren, für sie ist es ebenfalls sehr gut.

Den Stift klauen

Nimm den Stift (sanft) aus ihren Fingern während sie schreiben. Wenn Du dazu Kraft benötigst, dann halten sie den Stift zu fest. Lass jemanden den Versuch mit Dir machen – es bei sich selbst auszuprobieren, funktioniert komischerweise nicht.

Erwische die Verspannung

Fang an zu schreiben und stoppe am Ende der Zeile, wenn der Stift noch Kontakt zum Papier hat. Wieviel Spannung kannst Du spüren? Und kannst Du sie loslassen? Möglichst ohne den Stift fallenzulassen natürlich. Versuch das Ganze noch einmal: Stoppe am Ende der Zeile. Wie geht es dem Arm-Schulter-Nacken-Bereich? Angespannt? Zusammengezogen? Wenn ja, wieviel davon kannst Du weglassen ohne die Kontrolle über den Stift zu verlieren?

Ist es möglich, dass aus dem Schreiben eine freie, fließende Bewegung über das Papier wird? Das macht viel mehr Spaß, als wenn man fest aufdrückt und durch mehrere Lagen Papier gleichzeitig schreibt. Fühle, wieviel Spannung in Daumen und Zeigfinger ist, werden Deine Fingerspitzen weiß beim Schreiben, weil Du so viel Druck aufbaust?

Hab weiche Finger, vergrößere die Distanz zwischen Augen und Fingern, dann balanciert Dein Kopf ein bisschen leichter, und Dein Blick kann sich weiten. Vielleicht hast Du sogar Lust auf eine kurze Pause, dann kannst Du einen Moment aufmerksam für Dich sein.

Stift aufs Papier

Wenn Du Deine Handschrift vielleicht nicht magst, oder auch einfach aus Interesse am Schreiben: wie wäre es, wenn Du ein Notizbuch hättest, um dort einige Gedanken aufzuschreiben bevor Du ins Bett gehst, nur die paar, die dann gerade durch Deinen Kopf wandern? Stift aufs Papier, das macht doch wirklich Spaß hier. Warum sollte man an einer einzigen Schreibgewohnheit festhalten, wenn man doch so viel Auswahl hat? Es geht darum, neue Wege zu gehen, Neues zu lernen, besonders wenn wir älter werden, denn wie wir alle wissen hält uns das jung - wir müssen uns nur daran erinnern.

Vergrößere Deine Schrift

Wenn Deine Schrift eher klein ist, versuch mal, ihre Größe zu verdoppeln, nur aus Spaß, es löst etwas von den Verspannungen. Deine Schrift geht dann vermutlich ziemlich „drunter und drüber", aber das ist eben der vergnügliche Teil daran. Manche Menschen haben sich eine kleine Schrift antrainiert. Möchtest Du das verändern? Mach doch mal die Unterschriften von Filmstars nach, wenn Du schreibst das schult das Umdenken und unterbricht Gewohnheiten. Es fühlt sich anders an und zeigt Dir neue Aspekte von Dir. Es kann natürlich sein, dass Du zufrieden bist mit Deiner Schrift, und dass Du nicht den Wunsch hast oder keinen Grund siehst, sie zu verändern. Warum aber sollte man nicht auch mal etwas Neues ausprobieren und herausfinden was passiert? Paradoxerweise sind wir eine neugierige Spezies. Obwohl wir Bekanntes und Bequemlichkeit lieben, zieht es uns doch auch immer wieder dahin, neue Dinge lernen zu wollen, Dinge die uns weiterbringen.

Haltemuster

Die meisten Menschen schreiben so, dass der Stift von Daumen und Zeigefinger gehalten wird und auf dem Mittelfinger ruht (1). Einige haben es sich beigebracht, dass sie den Stift mit dem Zeige- und Mittelfinger halten und der Daumen ihn an seinem Platz hält (2). Aber für beide Arten zu schreiben kann man viel zu viel Kraft benutzen und das Handgelenk verbiegen. Wenn der Druck größer wird, merkt man manchmal, dass auch die Zunge mit ins Spiel kommt (sie versucht zu helfen).

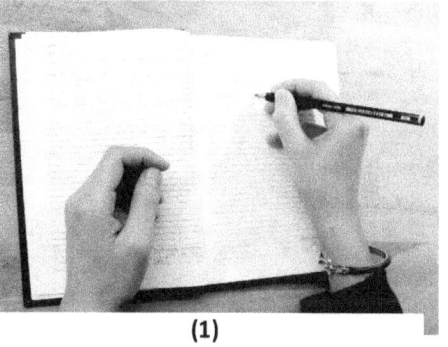
(1)

Du wirst vermutlich eine der beiden Arten zu Schreiben benutzen, probiere doch mal die andere aus, um zu sehen, wie es sich anfühlt. Es ist eine interessante Erfahrung.

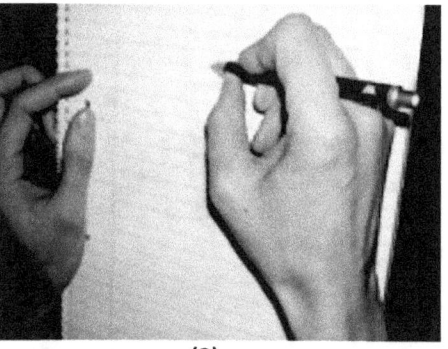
(2)

Beidhändig

Schreib doch mal mit der anderen Hand, als Kinder haben wir das alle versucht. Deine Schrift wird vermutlich ziemlich wild aussehen und der Spannungsaufbau ist unglaublich. Vielleicht erinnerst Du Dich daran wie es war, als Du schreiben gelernt hast, man wird sich bewusst, was Kinder durchleben, wenn sie versuchen, fehlerlos diese alte Kunst auszuüben.

VIP: Spür Deine Zunge, sie hilft gerne mit bei Multi-Tasking-Arbeiten, z.B. wenn man eine Faden durch ein Nadelöhr fädelt oder wenn man etwas Unbekanntes zum ersten Mal macht. Erinnere Dich beim Schreiben auch immer nochmal an das TWSL-Muster (Daumen, Handgelenk, Schulter, Lippen).

Beidhändig schreiben

Teil 4

Training für die Arme

Für den Fall, dass Du Deine Arme auf eine spielerische und lehrreiche Art und Weise trainieren möchtest, probiere mal das folgende Luftballon-Spiel aus. Du lernst dabei, übermäßige Spannungen wahrzunehmen und zu lösen und gleichzeitig die gesamte Armstruktur neu zu schulen.

Nimm einen Luftballon, blas ihn auf und stups ihn ein paarmal mit Deinen Händen an, sodass er fliegt. Alle Kinder lieben das, sogar die großen.

Im Sitzen:

Sitz ausbalanciert auf Deinen Sitzknochen. Halte den Ballon mittig vor Deinem Oberkörper in den Händen und fang an, ihn zwischen Deinen Händen und Handgelenken hin- und her zu rollen, probiere so viele Bewegungs-Variationen aus wie möglich. Bewege Deine Arme überall hin, vor allem über die Schulterhöhe hinaus. Halte in der Bewegung inne, lass all die Spannungen los, die Du spüren kannst und die Du jetzt gerade nicht benötigst – es wird immer ein bisschen zu viel Spannung da sein. Komm zurück zur Anfangsposition (auf den Sitzknochen, ausbalanciert, den Ball mittig vor dem Oberkörper). Fang wieder an zu rollen, stoppe, löse überflüssige Spannungen. Fahr, wenn Du magst, für ein paar Minuten weiter fort mit dieser Sequenz. Es muss nicht lange dauern, aber wenn Du dieses Spiel jeden Tag machst, trainierst Du alles, was Du für leichte Armebewegungen und für eine bewegliche und freie Schulterstruktur brauchst. Dein Körper wird auf lebendige und angenehme Art und Weise aktiviert – es ist hervorragend für Dich.

VIP: Alle professionellen Sportler trainieren jeden Tag, um fit zu bleiben und sich zu verbessern. Kinästhetisches Training ist eine besondere Form des Trainings. Man versucht nicht seine Muskeln aufzubauen, sondern man trainiert Sensibilität und einen angemessenen Muskeltonus, um Aktivitäten mit minimaler Spannung ausführen zu können.

Den Luftballon rollend überall hinbewegen

Kurz anhalten, Spannungen spüren und lösen

Die glückliche Raupe

Das Spiel, das wir eben erklärt haben, kann man in ähnlicher Form auch in der konstruktiven Ruheposition (s. Seite 131) machen, d.h. auf dem Rücken liegend, mit aufgestellten Beinen und einer Unterstützung unter dem Kopf. Die Arme sind aktiv und Du lernst dabei, wie Du Dich von Deiner Mitte aus bewegen kannst und welche Muskelmuster in Aktion treten. Für die Schulung der Arme ist es extrem hilfreich und Kinder lieben es.

Leg Dich in der konstruktiven Ruheposition auf den Boden mit einem Luftballon in der Hand. Beginne damit, den Luftballon mit den Fingern anzustupsen, sodass er hochfliegt. Wenn Du Dich damit einigermaßen wohlfühlst, nimm Deine Füße dazu. Mit Händen und Füßen hältst du den Luftballon in Bewegung. Nun kannst Du auch Deine Knie dazu nehmen. Jetzt arbeiten Deine Hände und Beine zusammen und der Luftballon wechselt zwischen allen sechs Kontaktpunkten hin und her. Wir haben diese Übung „Die glückliche Raupe" genannt; es klingt so schön und sobald sie den Boden verlässt wird sie sich in einen gut koordinierten Schmetterling verwandeln. Durch die vielen Kontaktpunkte mit dem Ballon ist Dein Körper auf gute Art und Weise die ganze Zeit in Bewegung.

Zuerst wirst Du den Luftballon vermutlich zu hart anstoßen und ihn zu weit weg fliegen lassen. Mit etwas Übung wird der Stups sanfter werden, weicher; dann bist Du eine glückliche Raupe geworden. Als Nebeneffekt trainierst Du Deine Bauchmuskeln und die Gesamtkörper-Koordination und verbesserst so die Qualität Deiner sensorischen Wahrnehmung. Wenn Du Gruppen unterrichtest, kannst Du diese Übung dort gerne ausprobieren. Es hilft, wenn Du, nachdem Du es vorgemacht hast, wieder aufstehst, denn vermutlich wirst Du im Raum herumgehen und Luftballons zurückgeben müssen, damit Deine Teilnehmer liegenbleiben können.

Wenn Du das Spiel sensorisch noch interessanter gestalten möchtest, kannst Du versuchen Deine Augen zu schließen kurz bevor Du den Ballon berührst. Wenn Du sie direkt danach wieder öffnest, weißt Du erstmal nicht, wo genau der Luftballon jetzt ist, beobachte mal wie Du darauf reagierst!

Es gibt noch viele andere Möglichkeiten, Deine kinästhetischen Fähigkeiten zu verbessern: Dreh Dich z.B. von einer Seite zur anderen während Du mit dem Ballon spielst, setz Dich zwischendurch kurz auf oder schließe ein Auge. (Ein Tipp dazu: Entspanne Dein Gesicht, wenn Du nur ein Auge zumachst. Wenn Du dieses Spiel als Lehrer anwendest, erwähne den Tipp erstmal nicht. Gib den Teilnehmern eine Chance, ihre Muster selber zu finden und hilf ihnen dann dabei.)

Diese Übung trainiert so vieles – und sie ist fantastisch für Kinder jeden Alters.

Rollen, anhalten, Spannungen spüren und lösen

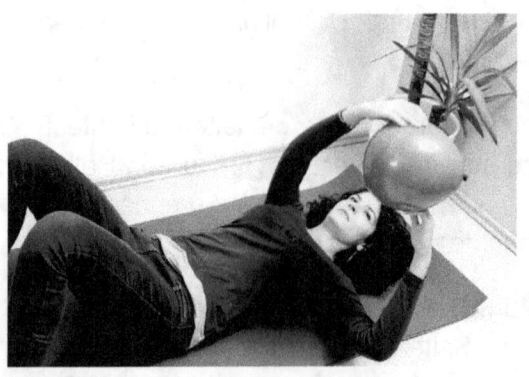

Hände und Füße benutzen

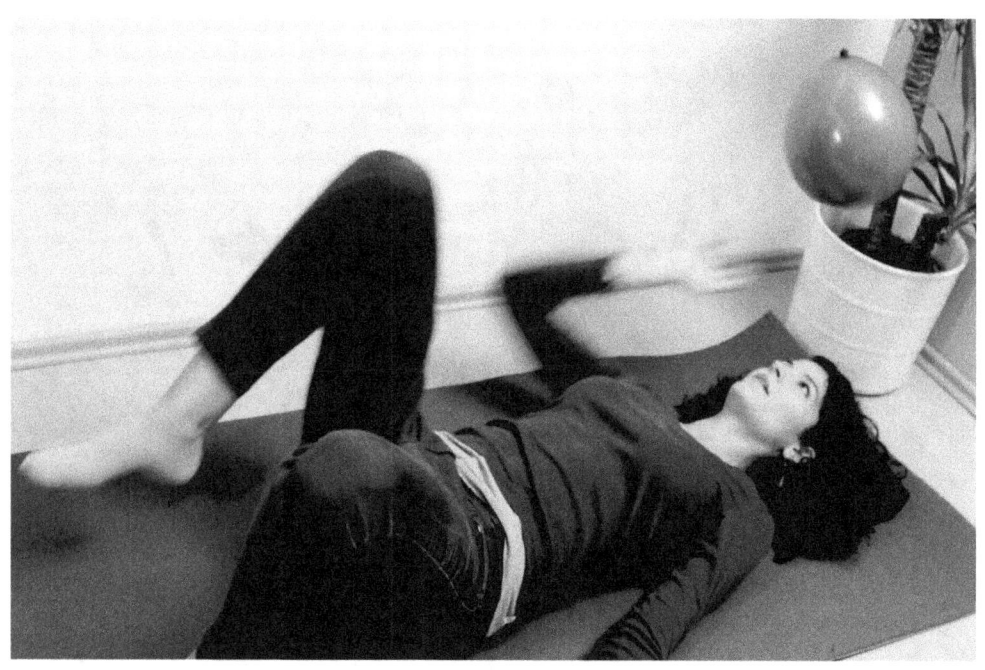

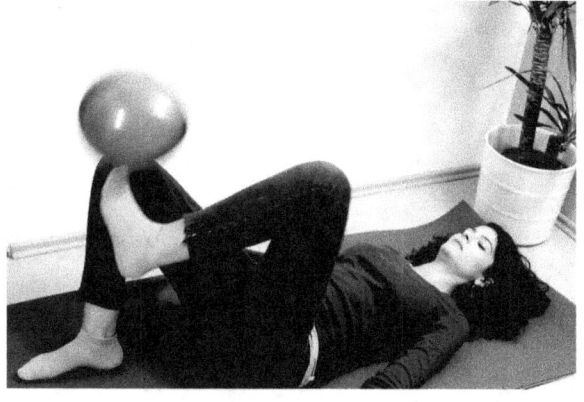

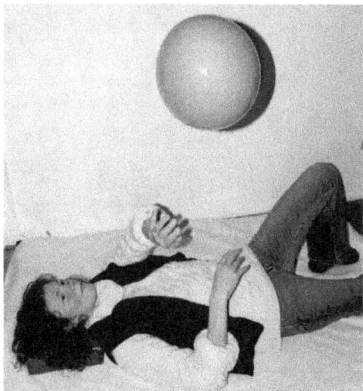

Dehnungen für den Computer-Arbeitsplatz

In unseren Kursen über Computer-Ergonomie werden wir oft gefragt, welche Dehnungen wir empfehlen, um zwischendurch Entlastung zu schaffen und das Muskelsystem zu aktivieren. In diesem Kapitel werden wir einige Dehnungen erklären, die wir für hilfreich halten und die relativ einfach umzusetzen sind. Wir haben sie nicht selber erfunden, man kann sie auch anderswo finden, die meisten stammen aus der Physiotherapie. Wir haben ihnen allerdings eigene Namen gegeben, die Dir dabei helfen, sich besser an sie zu erinnern. In den Kursen ist es ein Teil, der mit viel Spaß und Aktivität verbunden ist. Wenn Du die Dehnungen anwendest, wirst Du Dich auch in Deinem Büroalltag lebendiger fühlen.

Mach regelmäßige Dehnpausen. Das aktiviert diejenigen Muskeln in Deinem Körper, die Dich aufrichten und dynamisch und wach halten. Es bricht das Muster des Zusammensackens auf, ebenso wie die Verspannungen und Verkrampfungen. Du veränderst das, was Du tust anstatt damit immer weiter und weiter zu machen. Normalerweise wählen wir den Weg des geringsten Widerstandes - und die Arbeit am Computer verführt uns dazu. Auch wenn Dein Kopf arbeitet, wird Dein Körper passiv werden, das ist einfach so.

Dehnungen:

Spiderman	Brustschwimmen
Nach dem Himmel greifen	Kurzes Kraulen
Die Rückendehnung	Umgekehrtes Kraulen
Schlangenwelle	Manchmal einfach aufstehen

Spiderman

Einige von Euch kennen die Spiderman-Filme. Für diejenigen die sie nicht kennen - keine Sorge, das ist kein Problem.

Wenn Spiderman sich mithilfe seines Netzes von Gebäude zu Gebäude schwingt, streckt er immer den Arm aus, mit den Fingerspitzen nach unten, und aus seinen Handgelenken kommen die Spinnenweben geschossen. Wenn Du diese Bewegung nachmachst, ziele am besten schräg zur Seite (dahin, wo ein Gebäude wäre). Benutze immer nur einen Arm, da sich sonst die Schultern verspannen. Lass den Daumen neben den Fingern und streck ihn nicht nach außen wie beim trampen. Halte die Dehnung etwa 2-3 Sekunden. Probiere verschiedene Richtungen aus, das dehnt unterschiedliche Muskeln und aktiviert den Rücken – außerdem macht es mehr Spaß.

Spiderman-Dehnungen

Wenn möglich, geh währenddessen durch den Raum und wechsele Deine Arme ab - das wäre das Beste. Mach bei jeder Bewegung ein „Wusch"-Geräusch, so stellst Du sicher, dass Dir alle im Raum zugucken. Denk daran, dass die Finger im rechten Winkel zum Arm sind, so erreichst Du eine komplette Dehnung. Vielleicht filmt Dich ja jemand und stellt das Video auf Youtube und Du wirst berühmt – was könnte Dich mehr motivieren? Wenn Du Spiderman noch professi-

oneller darstellen möchtest, beuge ab und zu Deine Knie. Falls Du weitere Instruktionen für diese Dehnung benötigst, guck Dir einen Spiderman-Film an, dort findest Du alles, was Du brauchst.

In unseren Kursen gibt es bei dieser Dehnung immer viel Gelächter. 10-20 Spidermen und -women schießen durch den Raum mit lautem „wusch", und versuchen zu vermeiden, dass sie von einem anderen Netz getroffen werden. Es ist ein toller Eindruck, kein Weltwunder, aber alle lachen.

Der Effekt: Es dehnt die Finger- und Hand-Beuger, hilft bei der Beweglichkeit und Koordination und ist eine hervorragende Übung für Menschen, die den ganzen Tag mit einer Tastatur arbeiten. Wenn Du keine Filme magst und nicht weißt, wer Spiderman ist, Dich nicht abenteuerlustig fühlst und auch nicht auf Youtube zu sehen sein möchtest, kannst du den gleichen Effekt erzielen indem Du am Tisch stehend die Hand auf den Tisch legst, sodass die Finger zu Dir zeigen und dann den Arm streckst. Mach das Ganze langsam, es soll eine Dehnung sein. Sei vorsichtig, wenn der Tisch zu niedrig ist. Löse Dein Becken nach hinten und ermutige so einen langen Rücken. Auf diese Weise erreichst Du den gleichen Effekt, allerdings ist der Spaßfaktor geringer.

Nach dem Himmel greifen

Greife, am Tisch sitzend, nach dem Himmel. Mach es mit jedem Arm einzeln. Diese Dehnung aktiviert all die verschiedenen Muskeln, die Dich aufrichten; durch die Arme, die Schultern, den ganzen Rücken hinunter. Wenn Du Dich dabei zu einer Seite lehnst, dehnst Du zusätzlich die Muskeln, die Latissimus und Quadratus Lumborum heißen. (Für den Fall, dass Du Arbeitskollegen oder Freunde auf Dinnerparties beeindrucken möchtest, während Du dieses Buch empfiehlst – Danke.)

Arm-Dehnung, Rotation

Arm-Dehnung

VIP: Egal, ob Du die Dehnung im Sitzen oder Stehen machst, wenn Du Deinen Arm wieder senkst, lass ihn so leicht wie möglich herunter kommen, lass ihn nicht schwer herunterfallen. Du profitierst dadurch mehr von der Dehnung, weil es einen besseren Muskeltonus in die gesamte Armstruktur bringt. Lass Deine Hände nach unten kommen als wären sie Federn. Schwebe aber nicht ziellos mit ihnen durch die Gegend, das würde viel zu lange dauern; lass sie einfach nicht schwer fallen.

Die Rücken-Dehnung

Diese Dehnung kannst Du in kurzen Pausen machen oder während Du auf den Bildschirm guckst. Es ist eine sehr sanfte wiegende und schaukelnde Dehnung für Deinen Körper. Egal, ob Du an einer wichtigen Sache arbeitest oder nur im Netz surfst, Dein Körper kann währenddessen quasi auf dem Stuhl surfen. Stütze Deine Unterarme auf dem Tisch ab und schiebe den Stuhl etwas nach hinten, sodass Dein Rücken lang wird und Du Dich auf dem Tisch ausruhen kannst.

Deine beiden Füße können vorne sein, oder ein Fuß unter dem Stuhl, das überlassen wir Deinem Wohlgefühl. Das Ganze ist eine Art stabilisierendes, unterstützendes Dreieck zwischen Unterarmen/Ellenbogen, Sitzknochen und Füßen. Du kannst die Positionen von Armen und Füßen jederzeit verändern während Du Dich dehnst, so wird es noch genussvoller. Erlaube Dir selbst eine große Bandbreite an Bewegungen und Positionen, indem Du z.B. Dein Gewicht mühelos von rechts nach links und wieder zurück verlagerst, ein bisschen wie ein Tanz - Du tanzt quasi mit Deinem Rücken. Bewege Deine Schultern abwechselnd nach vorne und nach hinten, und komme so sanft ins Hohlkreuz und wieder zurück. Lass Deinen Rücken lang und weit werden und drehe ihn in alle möglichen Richtungen, Du kannst auch Deinen Kopf auf Deinen Armen oder Händen ruhen lassen. Das Wichtigste hierbei ist, dass Du die Bewegungen langsam und behutsam machst, wie eine Art entspannenden Tanz, bei dem Du Deine Muskeln hinten am Körper, vorne und an der Seite dehnst.

Wenn Du steif bist im Rücken, sollte diese Dehnung helfen, ihn zu lockern und Dich dabei unterstützen beweglicher zu werden. Wenn Du Rückenschmerzen hast, mach die Dehnung vorsichtig, sodass kein weiterer Schmerz entsteht, sondern Dein Rücken sich entlastet anfühlt. Leg Dich zusätzlich in der konstruktiven Ruheposition auf den Boden. Du findest sie auf S. 131.

Ein entspannter langer Rücken:

Schlangenwelle

Verschränke Deine Finger (ohne die Daumen) und bewege Deine Hände, Arme und Ellenbogen in einer wellenartigen Bewegung auf und ab. Es sieht auch ein bisschen aus wie eine Schlange, daher der Name. Es dehnt und mobilisiert Schultern, Arme, Handgelenke und Finger. Die Bewegung ist weich, fließend, tänzerisch. Stell Dir John Travolta in „Pulp Fiction" vor, nur dass unsere Welle sich hoch und runter bewegt. Wenn Du den Film nicht kennst, frag jemanden, ob er Dir den Tanz vormachen kann. Irgendjemand kennt ihn sicher und hat Lust ihn Dir zu zeigen, so kommt Kommunikation zustande, alle lachen, Du findest neue Freunde, tanzt mit ihnen, verabredest Dich, wer weiß.....

Schlangenwelle: mobilisiert Schultern, Arme, Handgelenke, Finger

Brustschwimmen

Hebe Deine Arme hoch und lege Deine Handrücken auf Brusthöhe oder unter Deinem Kinn aneinander. Achte darauf, dass Deine Schultern entspannt bleiben. Dann beginne von dort eine Bewegung wie beim Brustschwimmen. Wenn Deine Arme am Ende der Bewegung angekommen und nach hinten gestreckt sind, halte sie dort für einige Sekunden (nicht länger) um sie zu dehnen.

Brustschwimmen mit entspannten Schultern

Kurzes Kraulen

Die Bewegung bei dieser Dehnung ist wie beim Kraulen, nur dass hierbei die Finger sanft Dein Schlüsselbein berühren und Deine Ellenbogen eine kreisförmige Bewegung nach vorne machen. Dein Körper sollte dieser Kreisbewegung mit einer Rotation folgen, halte ihn nicht steif und starr in der Mitte, folge dem natürlichen Impuls der Arme. Wenn Du diese Dehnung im Sitzen machst, beweg Dich dabei auf Deinen Sitzknochen vorwärts und rückwärts und wieder zur Mitte.

Kurzes Kraulen mit Rotation:

Rückwärts Kraulen

Male mit Deinen Ellenbogen Kreise rückwärts, während Deine Fingerspitzen sanft auf Deinem Schlüsselbein ruhen, Dein Körper wird der Bewegung mit einer natürlichen Rotation folgen. Fühl dabei Deine Sitzknochen. Das Ganze soll nicht steif oder fest sondern leicht und beweglich sein.

Diese beiden Schwimm-Dehnungen sind gut für die Schultern und für viele der Muskeln im Oberkörper, sowohl hinten als auch vorne. Beide Übungen kann man im Stehen oder Sitzen ausführen. Mach sie nicht zu schnell, sondern langsam und mit Gefühl. Wenn Du sie regelmäßig praktizierst, wird sich Dein Körper daran gewöhnen und Du wirst Dich lebendiger und aktiver fühlen.

Rückwärts Kraulen:

Manchmal einfach aufstehen

Steh während des Tages immer mal wieder auf, um eine kurze Pause zu machen. Geh ein paar Schritte, beweg Dich ein wenig, um dem ewigen Sitzen für einige Momente zu entkommen. Wir machen das sowieso zwischendurch, um uns z.B. etwas zu trinken zu holen; nur meistens viel zu selten. Wenn Dir also jemand einen Kaffee anbietet, ist das ein perfektes Angebot, nimm es an und geh mit, so kommst Du in Bewegung und gibst Deinem Körper und Deinem Kopf eine Pause.

Entspannung bei der Arbeit

Da der größte Teil der Bevölkerung mit Arbeiten oder „etwas tun" ihr Geld verdient um zu überleben, macht es keinen Sinn dass wir den Eindruck vermitteln, es ginge in diesem Kapitel um Nichts-Tun oder um pure Entspannung. Aber es gibt Einiges, was man zwischen den hektischen Momenten des Tages verändern kann.

Wenn Du den Hauptteil des Tages sitzend verbringst, versuche den Stuhl ergonomisch gut zu nutzen. Unterstütze Deinen unteren Rücken, und er wird Deinem oberen Rücken helfen, sich aufzurichten. Erlaube Schultern, Nacken und Kopf sich wie eine Blume zu öffnen, das nimmt den Druck und das Zusammenziehen von den Schultern. Ein Nebeneffekt davon ist, dass Kopfschmerzen gemildert werden können, die häufig daher kommen, dass wir Nacken, Kiefer und/oder Zunge verspannen. Wenn Du eine Armstütze hast, nutze sie zum Entspannen; wenn nicht – man braucht sie nicht wirklich für die Arbeit am Computer. Ruhe immer wieder zwischendurch Deine Arme auf Deinen Beinen aus.

Angelehnt, aufrecht

Es hilft sehr, wenn Du Dich immer wieder an die Kopfbalance erinnerst, und dann das Bild der sich öffnenden Blume dazu nimmst. Wann immer möglich, nutze alle die Ideen aus diesem Buch, oder arbeite mit denen, die Dir spontan einfallen - oder beides.

VIP: Nimm Dir während des Tages immer wieder ein paar Sekunden Zeit, um Deine Augen zu schließen, um sie zu entspannen und ihnen eine Pause zu gönnen. Du hast das jetzt schon öfter gelesen, aber die Vorteile, die sich daraus ergeben, dass Du um die Augen herum entspannst, gefolgt von Gesicht, Lippen, Zunge und Kiefer, sind so enorm, dass wir es noch einmal wiederholen.

Entspannung zuhause

Liegen in der konstruktiven Ruheposition

Diese Art zu Liegen ist hervorragend für Dich. Leg Dich auf den Rücken mit einer Unterstützung für den Kopf, die Beine gebeugt, Füße auseinander, die Hände ruhen auf dem Oberkörper, die Ellenbogen auf dem Fußboden. Du kannst auch manchmal einen oder beide Arme seitlich ausstrecken, und, wenn Du möchtest, auch ein Bein hinlegen. Sich so für 10-30 min. hinzulegen hilft, Verspannungen im Körper zu lösen, Dein Rücken wird weiter und integrierter und Du fühlst Dich anders, wenn Du wieder aufstehst. Die meisten Menschen, die mit der konstruktiven Ruheposition arbeiten, empfehlen 20 min. für eine umfassendere unterstützende Regeneration.

Die konstruktive Ruheposition

Sich selbst ausrichten

Wenn Du Dich hinlegst, brauchst Du möglicherweise eine Unterstützung für Deinen Kopf, da sonst der Nacken gestaucht wird – und das fühlt sich nicht so schön an. Es gibt wenige Menschen, die keine Unterstützung benötigen, die meisten brauchen sie. Wenn Deine Knie angewinkelt sind, stell Deine Füße etwa schulterbreit auf, ob etwas weiter oder enger überlassen wir Deinem Wohlgefühl. Am Anfang kann es hilfreich sein, einmal die Knie zur Brust zu ziehen und die Füße dann, einen nach dem anderen, wieder aufzustellen. Das dehnt Deinen unteren Rücken und bringt mehr Kontakt zum Boden.

Diese Art zu liegen fördert das Loslassen von übermäßiger Spannung im ganzen Körper, besonders aber im Rücken und belebt und erfrischt Dich. Das Ergebnis ist ein lebendiges und dynamisches Körpergefühl, nachdem Du wieder aufgestanden bist. Es kann auch sein, dass Du Dich danach im Stehen zentrierter fühlst, ausbalancierter, geerdet, befreit und leichter.

VIP: Die konstruktive Ruheposition kann sowohl präventiv als auch therapeutisch eingesetzt werden, da sie, wenn man sie regelmäßig anwendet, dabei hilft, einen langen und besser funktionierenden Rücken zu erhalten. Sie trainiert die Rückenmuskeln dahingehend, sich einer neuen Ruhelänge anzupassen. In dieser Position kannst Du ausruhen, lesen, Musik hören, einen Film ansehen, meditieren – Du hast die Wahl. Probiere es aus und spüre, wie es sich für Dich anfühlt.

Denk-Anregungen

Es ist an sich schon hervorragend, immer wieder so zu liegen und sich zu entspannen. Lehrer von somatischen Methoden haben allerdings über Jahre hinweg eine Reihe von „Richtungen" entwickelt, von Gedanken, Bildern oder Metaphern, die man benutzen kann, wenn man liegt. Sie helfen, dass sich die Erfahrungen von Lösen und Öffnen im Körper vertiefen können. Viele dieser Anweisungen kommen aus der Alexander-Technik. Wenn Du Dich eingehender damit beschäftigen möchtest, lies in ein paar Alexander-Büchern darüber nach, dort gibt es eigentlich immer ein Kapitel über die konstruktive Ruheposition. Oder, besser noch, finde einen Lehrer.

VIP: Spür das Gewicht Deines Kopfes und Deiner Arme, dann lösen sich auch die Spannungen im Nackenbereich, und das ist der Schlüssel für Entspannung im ganzen Körper. Als Nebeneffekt wird es einfacher Verspannungen im ganzen restlichen Körper loszulassen. Geh mit Deiner Aufmerksamkeit zum Kiefer und zum Nacken, damit sich dort Spannungen lösen können. Die Augen, die Lippen sind VIPs, um weicher zu werden. Ohne sie wird die Entspannung nur oberflächlich sein und nicht in

Schließe Deine Augen und entspanne hinter ihnen. Lass die kleinen Muskeln in Gesicht, Lippen, Zunge, Kiefer und um den Mund herum weich werden. Spür ob sie noch mehr loslassen können.

Im Kapitel „Ausgerichtete Bewegungs-Energie" reden wir über die Idee, dass die Wirbelsäule eine Art Wasserfontäne ist oder einen Energiefluss in sich hat, der durch Deinen Oberkörper Richtung Kopf strebt. Versuch, diesen Gedanken im Liegen zu aktivieren. Geh es geruhsam an, mach Pausen, wenn es Dich anstrengt. Es ist nur eine Idee, die man immer wieder anwenden kann.

Manchmal wird empfohlen, die Augen offen zu lassen, aber das ist nicht hilfreich, wenn man sich entspannen möchte. Entscheide selbst, ob Du Deine Augen geschlossen oder fast geschlossen haben möchtest, „schlimmstenfalls" schläfst Du ein, und wenn das passiert, brauchtest Du diese Pause vermutlich.

Lass Deinen Nacken frei werden von übermäßiger Spannung, oder lass Deinen Nacken weich werden. Diese Vorstellung unterstützt den Kopf in einer leichten Bewegung weg von der Wirbelsäule. Wenn Du stehen würdest, wäre es die Idee, dass der Kopf sich Richtung Himmel ausrichtet, im Liegen ist es der Gedanke, dass sich der Kopf von der Wirbelsäule entfernt.

Die sich öffnende Blume ein besonderer Bereich für Anweisungen

Kopf, Nacken und Schultern sind, wie wir schon erwähnt haben, ein Areal, bei dem es hilfreich ist, wenn man es sich als zusammenhängende Region vorstellt, wie eine Blume, die sich wie in Zeitlupe öffnet oder schließt. Im Allgemeinen ist es gut, wenn man die Blume ermutigen kann sich zu öffnen, denn ihre Tendenz ist es, sich zu schließen. Im Stehen oder Sitzen zieht uns der Kopf oft nach unten und die Schultern fallen nach vorne und werden rund. Im täglichen Leben trifft man auf viele geschlossene Blumen. Stell Dir ein Öffnen in diesem Bereich vor.

Den Rücken mit einbeziehen

Stell Dir vor, dass Dein unterer Rücken und Dein Becken, d.h. der gesamte Bereich Nr. 2, in den Boden unter Dir hineinschmelzen können, oder dass Dein Rücken wie Schokolade schmilzt oder wie Butter auf einem heißen Toast, oder wie er in den „Sand" sinkt - jedes Bild, dass für Dich funktioniert ist gut. Stell Dir vor, wie Dein unterer Rücken sich Richtung Boden oder Matte löst. Drücke ihn nicht nach unten, sondern lass ihn sich nach unten entspannen. Bewege Deine Knie ein wenig, um festzustellen, ob Deine Beine fest oder entspannt sind. Nimm Dir die Zeit anzukommen, hier zu sein. Du kannst Deine Knie auch aneinander lehnen, um evtl. Spannungen im Hüftbereich aufzulösen. Oder Du legst Deine Unterschenkel auf ein Sofa, einen Stuhl, das Bett, damit sie sich komplett ausruhen können, das kann sehr wohltuend sein.

Wenn Du so liegst und Dich entspannst, denk immer wieder an die richtungsweisenden Gedanken: Öffne die Blume, stell Dir die energetische Wasserfontäne durch Deinen Oberkörper Richtung Kopf vor und setze diesen Energiefluss fort durch Deine Arme bis zu den Fingerspitzen. Spiel mit diesem Energiefluss, dreh ihn etwas auf oder lass ihn sich wieder vermindern und fühl dann das Gewicht von Deinem Kopf und Deinen Armen. Atme in den Bereich, wo Deine Oberarme sich vom Oberkörper lösen, diese kleinen Höhlen, und fülle sie mit Luft und Raum, dehne Dich in alle Richtungen aus.

Du kannst auch die konkreten Anweisungen von F.M.Alexander benutzen; davon gibt es einige und man kann sie in Büchern über seine Methode finden. So wie die oben beschriebenen Ideen lösen auch sie eine Reaktion zwischen Gehirn und Muskeln aus. Insgesamt beginnt so ein mentalkörperlicher Prozess, der einen davon abhält in alte Muster zurückzufallen und einen darin schult, stattdessen neue Reaktionswege zu benutzen. Im Wesentlichen gestaltet man so neue Bahnen zwischen Gehirn und Muskelsystem. Wenn Du diese Art der Arbeit tiefergehend studieren möchtest, empfehlen wir Dir, einen Alexander-Lehrer aufzusuchen. Sie sind darin ausgebildet, bei dieser Form der Umschulung zu helfen. Eine Alexander-Stunde zu nehmen ist ein bisschen so, als würde man einen alten Freund nach langer Zeit wiedersehen – einen Freund mit Namen „Selbst".

Probiere einige unserer Ideen aus und finde heraus, welche für Dich funktionieren. Mach nur das, was sich gut für Dich anfühlt, nicht alle Ideen sind wirklich notwendig oder passend für Dich. Oft sind wir auch damit glücklich einfach zu liegen und eine Pause vom stressigen Leben und seinen vielfältigen Eindrücken zu haben.

Nachdem Du Dich ausgeruht hast, nimm Dir die Zeit und komm mit einer leichten, fließenden Bewegung aus dieser bequemen Ruheposition. Roll Dich auf eine Seite, halte kurz inne, dann komm langsam auf Deine Knie, bevor Du vollständig zum Stehen kommst.

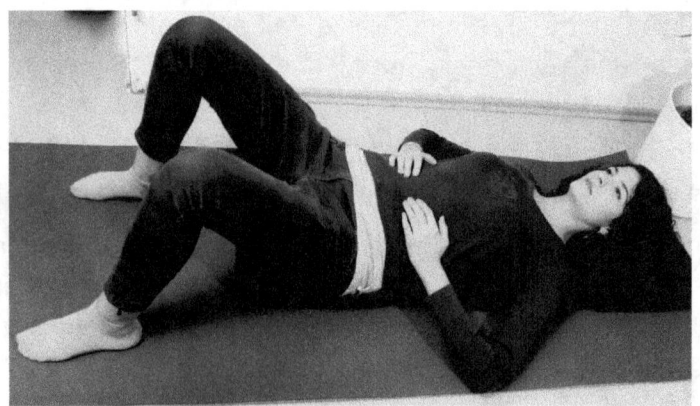

Konstruktives Liegen, Hände auf dem Körper

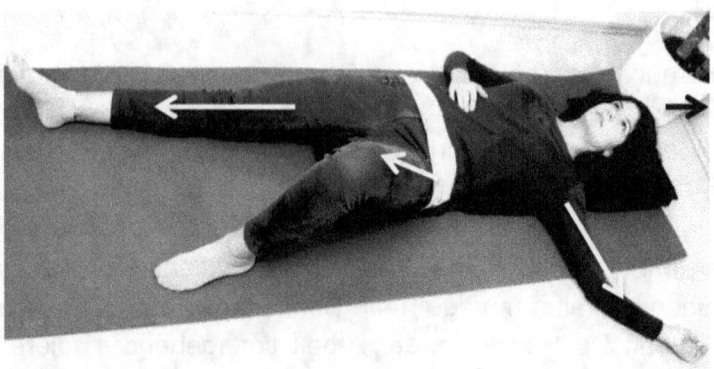

Ein Bein lang, ein Arm ausgestreckt

Aufstehen aus der konstruktiven Ruheposition:

Warte einen Moment, nach dem Liegen kann man gut die ganze Länge der Wirbelsäule spüren.

Zusammenfassung der konstruktiven Ruheposition

- Leg Dich mit angewinkelten Knien hin, lass Deine Hände auf dem Oberkörper ruhen.
- Heb Deine Knie zum Brustkorb und dehne den Rücken, stell dann die Füße zurück auf den Boden.
- Die Füße balancieren entspannt in Schulterbreite auf dem Boden, oder so wie Du Dich wohlfühlst.
- Komm an, spür Deinen Körper.
- Fühl, wie Dein Körper sich entspannt. Spür das Gewicht Deines Kopfes und Deiner Arme.
- Entspanne Deine Gesichtsmuskeln.
- Entspanne um Deine Augen herum, über und unter ihnen.
- Denk Deinen Kopf weg von Deinem Körper.
- Stell Dir ein Längen und Weiten durch Deinen Körper vor.
- Denk an den Raum unter Deinen Armen, oder atme dorthin.
- Komm wieder zurück zu Deinem Gesicht und entspanne es.
- Für die Entspannung: Augen, Lippen, Kiefer, Zunge.
- Stell Dir Deinen Rücken wie schmelzende Schokolade vor.
- Lächle von Schulter zu Schulter.
- Öffne den Bereich der Blume.
- Löse die Spannungen in Deinem Becken und dem unteren Rücken.
- Sei manchmal ausbalanciert in den Füßen.
- Lehn Deine Knie für eine Weile aneinander.
- Fühl noch einmal das Gewicht von Kopf und Armen.
- Spür Deine Atmung.

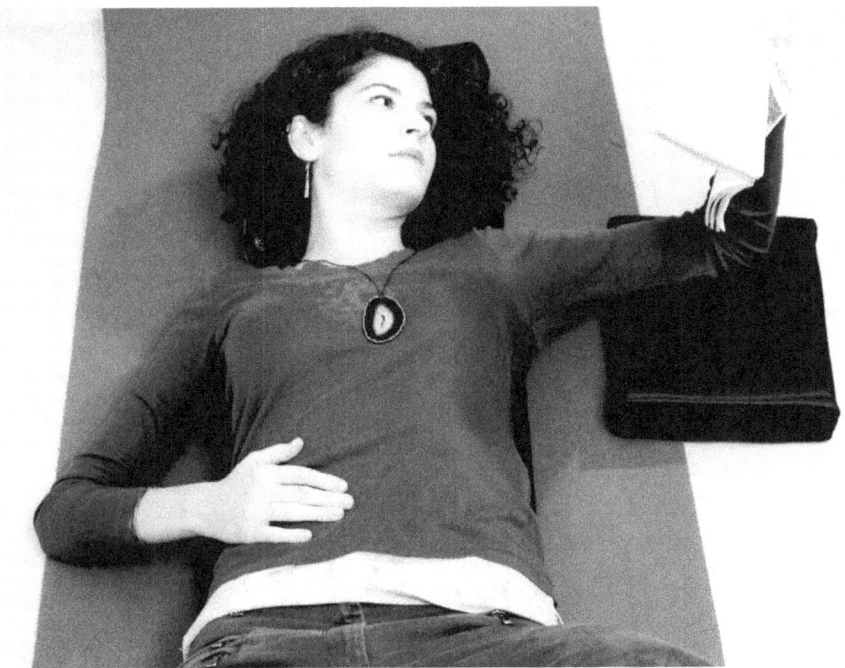

Lesen in der konstruktiven Ruheposition

Computer Comfort in der konstruktiven Ruheposition

Die neuesten Studien zeigen, dass zu wenig Bewegung Arthrose auslösen kann. Unsere Bänder, Muskeln und Gelenke rufen uns offensichtlich dazu auf benutzt zu werden, sie haben keine Lust auf fernsehen.

Das ruhiggestellte Leben

Es scheint mitunter, dass wir nicht nur wie durch ein dunkles Glas sehen, sondern uns durch dieses dunkle Glas bewegen. Um die Idee etwas zu verändern: Kennst Du das, wenn Du im Wasser bist und die Bewegungen sich so leicht anfühlen? Und wenn wir dann aus dem Wasser herauskommen, aus diesem unterstützenden Medium, fühlen sich unsere Bewegungen plötzlich ungelenk und schwerfällig an? So behäbig bewegen wir uns manchmal durchs Leben. Und die Ereignisse, denen wir begegnen, können uns dabei helfen aufzuwachen, oder sie schläfern uns noch mehr ein und wir verlieren jegliche Aufmerksamkeit und auch die Fähigkeit präsent zu sein.

Oft entscheiden wir uns für das ruhige Leben, wir essen viel, sitzen und sehen fern, verlieren uns in der medialen Welt. Oder wir sitzen am Computer, ganz einfach einschalten und ausschalten. Natürlich ist auch das Gegenteil wahr, wir blühen auf und genießen alle Arten von Bewegungen. Aber der Weg des geringsten Widerstandes ruft uns zurück, das ist eine menschliche Angewohnheit. Es ist uns vielleicht vorherbestimmt, dass wir instinktiv versuchen unsere Energien zu sparen, damit wir mehr davon haben, wenn es plötzlich, wie bei unseren Vorfahren, auf die Jagd geht. Aber es mag auch sein, dass die uns angeborene Intelligenz einfach noch nicht darüber informiert wurde, dass wir heutzutage nur noch im Supermarkt jagen gehen.

Wir geben viel von unserer Energie an unbedeutende geistige oder körperliche Aktivitäten ab. Und da unsere drei Hauptzentren (Körper, Gedanken, Emotionen) oft als Einheit reagieren, und die emotionale Seite manchmal ihr eigenes Ding dreht, werden wir ungeduldig, kleinlich, gereizt, streitsüchtig, generell negativ. Mental schalten wir ab und „daddeln rum", unsere Aufmerksamkeit geht verloren bis zu einem Minimum an Aufwand – vergleichbar mit dem „Standby-Modus". Manchmal kommt der Schreckreflex dazu, auf der Straße, beim Einkaufen, wenn wir andere Leute treffen oder eine Rede halten... Adrenalin schießt durch den Körper, oft nur kurz, aber viele dieser Momente während eines Tages verbringen wir aufgeschreckt, angespannt oder verärgert, aufgeregt, besorgt...

Unser Gehirn und unsere innere Wahrnehmung versuchen herauszufinden, wie man am besten Energie für das Überleben sparen kann. Das sind unsere instinktiven Mechanismen, die unser Wissen überrollen. Nur brauchen wir dieses Jagdgeschick heutzutage nicht mehr, wenn wir einkaufen oder auf dem Weg nachhause sind.

Stell Dir vor

Stell Dir vor, Du begegnest allen Situationen im Leben auf eine Weise, dass Du nicht ein Hans Dampf in alle Gassen bist, sondern das Gegenteil, Du gehst mit diesen Ereignissen um „als wärst Du für sie geschaffen". Was wir damit meinen ist, dass man die Situationen und Ereignisse des Lebens so nimmt, wie sie kommen und dann die erforderlichen Maßnahmen ergreift. Wenn wir das versuchen, folgen wir den Fußspuren der alten Griechen, denn das war eine ihrer Ideen für ein erfülltes Leben.

Stell Dir vor, Du nimmst die Qualitäten, die Du an anderen bewunderst, für Dich an. Du trägst diese Eigenschaften in Dir - in Deinen Gedanken oder in Deinem Herzen oder auf ein Blatt Papier geschrieben, um Dich immer wieder daran zu erinnern.

Stell Dir vor, Du bist das, was Du ganz wesentlich sein möchtest, also „die beste Version von Dir selbst, die möglich ist". Mit dem Leben im Einklang zu sein und nicht vom Leben überwältigt. In diesem Zustand kannst Du aufnahmefähig lernen und Dich darin verbessern wie Du im Leben handelst. Diese Idee ist überall anwendbar, auch wenn man vor dem Computer sitzt.

Ende

Die Informationen in diesem Buch sind durchaus nicht vollständig, man könnte noch vieles weiter ergründen. Manche Ideen bräuchten, um ihre Wirkung zu entfalten, eine direkte Anleitung, Hilfe und persönliche Beratung. Um Verwirrungen zu vermeiden haben wir sie deswegen ausgelassen.

Wir möchten Dir zu einer besseren Aufmerksamkeit für Dein ergonomisches Selbst verhelfen und Dich an den Punkt bringen, wo Du selbst in der Lage bist, Dich in ergonomischen Situationen weiter zu entwickeln. Aus diesem Grund haben wir versucht auf einer Ebene zu schreiben, die zugänglich für jeden ist, nicht zu technisch aber informativ, interessant und manchmal unterhaltsam – das hängt natürlich von dem jeweiligen Sinn für Humor ab. Wir wünschen Dir Erfolg mit all diesen Ideen und Vorschlägen und hoffen, dass Du Informationen gefunden hast, die neu für Dich sind oder zumindest anders, und dass Du einige neuartige sensorische Erfahrungen gemacht hast; es dauert immer ein wenig, bis diese sich setzen. Wenn Du ein bisschen von allem gefunden hast, wäre das sehr schön, und würde uns sehr freuen.

Der offensichtlichste Ratschlag ist meistens auch der praktischste: Versuch Dich wohlzufühlen in dem was Du tust und wie Du es tust. Normalerweise gehen die Menschen in gewohnte Haltungen, wenn sie sich wohlfühlen – diese Art von Bequemlichkeit meinen wir nicht. Was wir meinen ist: Wenn Du etwas in Deinem Körper veränderst, versuch es sanft zu machen, ohne Belastung. Arbeite mit Dir, aber überfordere Dich nicht; entspanne, aber schalte nicht ab; kultiviere ein Situationsbewusstsein, um wählen zu können wie Du auf die Bedingungen und Anforderungen des Lebens reagieren/antworten möchtest.

Eine Anmerkung noch bevor wir uns verabschieden: Wir alle haben unsere eigenen bevorzugten Arten zu sitzen, mit denen wir uns wohlfühlen und die wir genießen. Sie sind vielleicht nicht ergonomisch fehlerfrei, aber bequem und gemütlich. Mit unseren Vorschlägen in diesem Buch möchten wir denjenigen helfen, die etwas verändern möchten. Aber es ist nicht unser Ziel, dass Du komplett fest im Körper wirst, weil Du Dich darum bemühst die „richtige Position" zu halten. Wir brauchen Lieblingspositionen, Gewohnheiten – wo wären wir ohne sie? Wer wären wir?

Es gibt dieses wunderbare Gefühl: Du sitzt in Deinem Lieblingssessel, ein Kissen (vorzugsweise im unteren Rücken), einen Stift in der Hand, Tinte auf dem Papier oder die Finger auf der Tastatur. Oder Du liegst im Bett mit einem Buch... Man kann noch viel darüber schreiben, wie man es sich selbst bequem machen kann, auch wenn es nicht unbedingt ergonomisch ist; aber wenn es sich gut anfühlt und Du einigermaßen entspannt bist, dann hast Du ergonomische Bequemlichkeit, und das ist nicht zu unterschätzen.

Hinzu kommt, dass es Zeit braucht, wenn wir verändern möchten, wie unser Selbst, der Körper und die Gedanken funktionieren. Wir sind nicht jeden Tag perfekt, niemand ist das. Lass Dich davon nicht abschrecken. Wir können nicht alles, was wir hören oder lesen sofort umsetzen. Wenn wir damit arbeiten, Dinge in uns selbst zu verändern, sollte da kein Gefühl von Versagen sein. Wenn etwas an einem Tag nicht klappt, wird es eben an einem anderen Tag funktionieren. Es ist ein schrittweiser Prozess; man beginnt mit einem Schritt und dann folgt der nächste. Wir alle haben schon die Erfahrung gemacht, dass, wie in der Natur, nichts geradlinig ist. Wir kommen vom Pfad ab, aber wir halten uns an die roten Fäden, die uns zurück leiten. Vielleicht sind sie dünn, aber sie sind da, und so wie es in einem chinesischen Sprichwort heißt: „Alles beginnt mit dem ersten Schritt" - jeden Tag.

Viel Glück an Deinen Computer-Tagen,
geh nicht verloren auf Deinen Pfaden.
Geh manches langsam an, sei nicht verbissen,
dann kommt Verständnis für vorhandenes Wissen.
Bist Du mehr bei Dir selbst, bist Du öfter zugegen,
dann bleibst Du näher an Deinen eigenen Wegen.
Auf dem Bildschirm suchst Du vergebens
- wie Du weißt -
die tiefere Bedeutung des Lebens.
Für einen Moment schließ Deine Augenlider,
was Du immer schon warst, das spürst Du dann wieder.

www.ingramcontent.com/pod-product-compliance
Lightning Source LLC
Chambersburg PA
CBHW081430220526
45466CB00008B/2334